Let's Do!

believe me!
ようこそ
君に光 幸あれ

Hello World!

現在《イマ》は未来へのプレゼント

大切に幸せの道、
進もう！
This is me!

# *Lucky!*

Happy

Lucky

Love

Smile

Peace

Dream

笑顔ハレバレ

不安な時あるね
みんなそれは一生懸命
生きてる証《あかし》

完璧じゃないどんな自分も
好きでいられることが
とっても素敵

*Let's sing!*

Feel like dance!

Love

Lucky

Happy

Dream

Peace

Smile

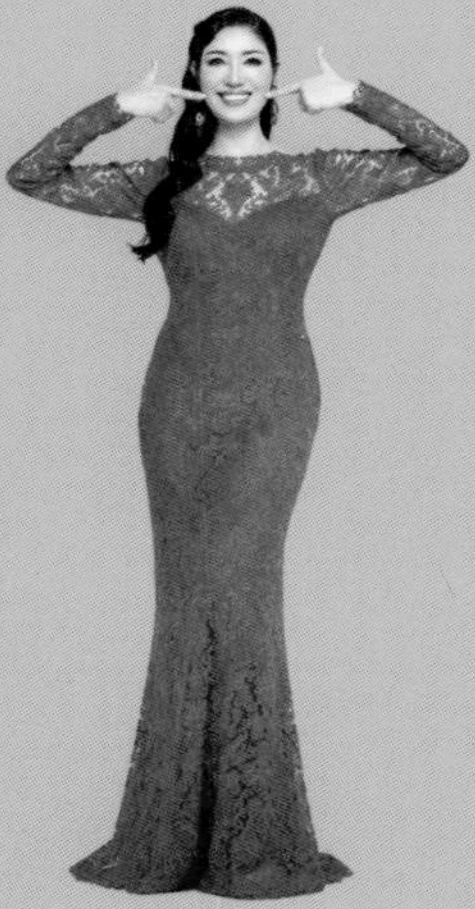

believe me!

君に光 幸あれ

私は幸運って
信じてみ！

# *believe me!*

愛して最高！

幸せは自分の心が決めるもの

This is me!

人生はカーニバル！

アンミカが歌って踊る令和版「ええじゃないか」♫
**オリジナル楽曲「アンミカーニバル」のMVはこちらから！**

# アンミカの
# ポジティブ
# 相談室

Let's Do アンミカ!

# はじめに

この本を手に取ってくださり、心から感謝申し上げます。

今回の書籍は、私が連載をさせていただいている講談社のｗｅｂマガジン「ミモレ」の人生相談コーナーに寄せて頂いた、皆様からの大切なお悩みにお答えした、私なりの人生哲学をまとめたものです。

悩んでいるのは一生懸命生きている証。そして悩みは、成長に必要な人生のブレです。ちゃんと悩みに向き合っていると、そのブレの幅が自分なりの信念という軸に変化してブレが整い、立派な自分という器が作られていきます。

そう、まるで人生はろくろを回すかのようですね。

普段自分と接することのないさまざまな人のお悩みを聞くことで、人のお悩みの中に自分の答えがあることに気づくことがあります。

他者のお悩みを通じて、自分以外の人の気持ちに寄り添い、共感し、思いやり、尊重していくことで、ストレスの9割と言われる人間関係の悩みをまろやかに保つこともできるのです。

人は一日3000回から6万回も、生活レベルで選択をしているといいます。言い換えれば、人には一日3000回から6万回も幸せになるための選択肢があるとも捉えられますね！

何かを後悔したり悔やんだりする気持ちを、今ここで未来への学びに変えて生かし、幸せな方向に導いていきませんか？　チャンスは沢山あります！

私が大切にしている人生哲学に仏教の教えを表した【この泥にこそ咲け蓮の花】という言葉があります。蓮の花は、真っ暗な冷たい土の中を光だけを信じ、まっすぐに伸びてきて、仏様が鎮座する汚れなく強く美しい花を咲かせます。

皆さんがどんな悩みや辛さ、不安を抱えていても、自分は絶対に幸せになると言う信念を持ち、光の方向にさえ向かっていけば、あなただけの美しい人生の花を咲かせることができるのです。

真の幸せは【身近にある幸せに気づける力】。その気づきの光を見つけませんか？

この本が、そんな暖かい光の出口を示す、皆さんの灯＝人生のトリセツ本になれば嬉しいです。

歌って踊れるオリジナルＭＶも特典です。

まずは読んで、歌って（令和の「ええじゃないか」を）踊ってくださいませ。

*Happy Lucky Love Smile Peace Dream !!*

Let's Do アンミカ！ アンミカのポジティブ相談室

18 はじめに

chapter 1

For Good Relationship

アンミカ流 幸せになるコミュ力教えるよ♪

26 人付き合いは苦手。でもさみしがり。**コミュニケーションの苦手意識**を克服しよう！

34 **怒れないのは優しさじゃない！** 尊厳を踏みにじられた、傷つけられたと感じたなら、はっきりと「NO」を！

40 相手の悪口には乗らない！ ニコニコと**愛想よく〝忙しさ〟を演じて**切り上げるのがベスト！

46 人とのつながりの中では、ある程度話を聞いたり、**共感をしたりという部分も大切**かも

52 **自分で「変えられないもの」は手放す練習、「変えられるもの」は**小さな**アクションを起こす**練習を！

58 **「聞き役」**は立派な**ムードメーカー！** 質問したり、相槌を打つこともコミュニケーションです

 ＊QRコードは（株）デンソーウェーブの登録商標です

chapter 2

From Love to Marriage

## アンミカ流 恋愛から理想の結婚を叶える秘訣あり♪

64 **恋愛経験で相手をジャッジ**するのは、今すぐやめましょう！
70 相手がいる問題で**「悲観的なひとり相撲」**をとるのはもったいない
76 都合の良い**言葉に流されず、**夫への愛情と守りたいものを**冷静に秤にかけて**
82 別れは必ず、次の恋愛に活かせます。**「感謝の気持ち」**を心に留め、**依存心や未練**は少しずつ手放して
88 独身の方の**選択肢は「AかB」の二択じゃありません！**そして人生は思いのほか長いですよ
94 過去の過ちに罪悪感を持つより、自分を責めなくて済む行動を**〝今、これから〟する**こと！
98 **責めるばかりではなく提案を。**「私が嫌だから、やめてほしい」は、夫婦間ではわがままではない！
104 金銭面を含めて「守ってもらうこと」が、**あなたの結婚の条件**だったのでは？

## chapter 3

Correlation between Work and Money

**アン ミカ流** 人生と仕事、自分が輝くバランスの見つけ方♪

114 〝がむしゃら〟ではない、ワークライフバランスの感覚に優れたリーダーは、**職場にマスト**な存在です！

122 自分にとって**〝厄介な人〟**はどの職場にも**必ずいます**

128 人生には**いろんなフェーズ**あり。インプットの時間を楽しんでみては？

132 **「得意なこと」**は周りから褒められ、感謝され、自信につながり、**循環していきますよ**

136 会社組織で出世するには、**敬い合う【信頼】**と**一丸となる【和】**が必要かもしれません

142 新人には最初はやってほしいことを**すべて伝えて。**世代間の違いを認識し、**経営者としてのステージアップ**を

## chapter 4

Good Distance from Your Family

**アン ミカ流** 私の幸せ、そして家族の幸せを両立させる♪

150 親の支配を断ち切るためには「一戦」も必要。お母さんの**呪縛という フィルターがなくなった未来**は明るい！

170 **「暖簾に腕押し」の鈍感さ**と、**「物言う嫁」の強さ**を鍛える時期。いい嫁を演じる必要はありません！

156 自分の**子どもの選択**、生き抜く力を**信じるのも親に必要な力**です
164 **〝娘だから**、お母さんの責任は絶対負わないと**いけない〟**とは**決して思わないで**
176 ＳＮＳで家族を悪く言うことは、**弟さん自身も傷つけて**います。見過ごさず叱ってあげて

chapter 5

Have Self-esteem

アンミカ流「今の自分」をもっと素直に愛そう♪

182 自分の人生の一番大きな**味方は自分！**「恋人がいないと不安になる」理由とその対策は？
192 **「心配」**は自分への**「心配り」**に変えられる！ 心配の原因は自分への**期待値の高さ**かも？
198 シングルマザーを理由に**〝都合のいい相手〟**を求めると、結局、自分が都合のいい存在になる
202 「自分は熱量が低い」「鈍感だ」という呪縛から解き放たれるべき。**大手を振って中道**を歩んで！
208 **「好き」**と**「似合う」**が近づく簡単エクササイズでセンスは育ちます！
220 アンミカーニバル

# chapter 1

For Good Relationship

# アンミカ流 幸せになるコミュ力 教えるよ♪

AHN MIKA's Advice

# 人付き合いは苦手。でもさみしがり。**コミュニケーションの苦手意識**を克服しよう！

今回のお悩み

## 「人付き合いは苦手だけど〝ひとりぼっち〟は寂しい……」

できれば家で、一人でゆっくりすることが好きなのですが、それだけでは孤独を感じ、幸せを感じることができません。小学校から大学までこういう性格でも、友だちはいて、勉強はできる方だったので、なんとなく生活できていたのですが、中学時代から集団生活のヒエラルキーによる劣等感を持っており、生きづらさを感じることもしばしば。どうすれば好かれるのかがわかりません。大学では環境を変えてみましたが、友だちはできても深いつながりは築けなかったと感じています。職場の先輩とのコミュニケーションに悩み、会社も退職しました。今となっては、人との関係を築けるのかと、働くことに不安を感じ、誰とも会いたくない、とも考えてしまいます。仕事において「これがしたい」という強い目標が持てないことにも不安を感じています。可能ならば、友だちと楽しい毎日を過ごしたり、結婚したり、公私ともに幸せを感じたい。人付き合いに対する苦手意識をなくして、一人で過ごすだけの生活を変えていきたいと思っています。（29歳・女性・休職中）

アンミカ'sアドバイス

人と一緒にいるのは苦手だけれど、一人だと孤独を感じてしまう。そんなあなたと同じような悩みを抱える方は、実は沢山いらっしゃるのではと感じます。

思春期の頃、多くの場合はクラスの中にグループができ、さらにグループの中にリーダー的存在の子がいたりして、コミュニティの中にヒエラルキーができがちです。それゆえ、人から大切に扱われていないと感じたり、そうした思春期のコミュニティで起こる何かが、今でも傷として残っていたりすることは多いかもしれません。

ただ、今もその傷に囚《とら》われているとしたら、人生がもったいない。中学の頃よりも格段に経験値が上がった29歳のあなたなら、その傷を「人の痛みに寄り添う」ことに役立てられるから。

「誰かと一緒にいることで幸せを感じたい」と願うならなおさら、過去の経験を、「自分を閉じ込めるための殻」として使うのではなく、人との温かな関係を築くための「思いやり」として使うことができるのです。

「傷として残る出来事が多いのが思春期のコミュニティです」

性格をすぐに変えることは難しくても、日々小さな実践を積み重ねていくことで、自分も周囲も変わっていくきっかけを摑めるはず。そこで私から、コミュニケーションの苦手意識を克服する「5つの方法」を提案させていただければと思います。

## コミュニケーションの苦手意識を克服する「5つの方法」

### ①「習い事」で趣味仲間を作りましょう!

コミュニケーションへの苦手意識を克服するためにオススメなのは「習い事」です。習い事は、**そもそも好きなことや趣味が同じ人たちが同じタイミングで集まる場所**。職場ほど長時間一緒にいるわけではないので距離感を考えると気もラクですし、グループで一つのものを作ることも多く、会話のきっかけが生まれやすい環境です。何より、好きなことや趣味という共通項があるので、会話のタネにも困りません。仕事の息抜きに習い事をしている人も多いですから、純粋な友人関係に発展しやすいと思いますよ。

「仕事でこれがしたいという強い目標が持てない」というお悩みも、習い事を通じて「やりたいこと」が見つかるかもしれませんし、新しい職場では趣味をアピールすることで、意外なご縁や抜擢がある可能性もあります。「やりたいこと探し」と「友人づくり」が同時にできる習い事。休職中で少し時間に余裕がある今こそ始めてみてはいかがでしょうか？

## ②会ってすぐに「好かれよう」としなくていい

二つめのアドバイスは、「すぐに人に好かれようと思わなくていい」ということです。「どうすれば好かれるのかわかりません」とおっしゃるのには、人の顔色を窺いすぎて自分らしさを出すことができず、それゆえ人と仲良くなることが難しくなっているのかもしれません。人と接するたびに「相手にどう思われたかな」「あんなこと言っちゃって失敗

「習い事で「やりたいこと探し」と「友人づくり」の両方を叶える」

しちゃったかな」といちいち反省していたら、心をすり減らすばかりです。**人間関係は時間をかけて、ゆっくりと育まれていくもの。「第一印象から好かれよう」と、焦らなくてもいい**のですよ。

自然体で構えていて大丈夫。きっと、明るく見えるような相手も同じように不安だと思いますから。

## ③話すことが苦手なら、よい「聞き手」を目指す

コミュニケーションに苦手意識を持っている方の中には、「面白い話をするとか、みんなを楽しませることができなくては……」と力みすぎている方が多いように感じます。もし話すことが苦手だと感じるなら、よい「聞き手」を目指してみるのはいかがでしょうか？

**コミュニケーションは「話し手」だけでは成り立ちません。うなずき、共感し、質問してくれる「聞き手」がいてこそ成立する**ものです。「へえ〜、そうなんですね！」と共感する。「それはどうしてですか？」と

質問してみる。話し手は、自分の話に興味を持ってくれるだけで嬉しいものです。「うまい返しができるかな……」と余計なことは考えずに、純粋に相手の話を楽しみ、反応する練習をしてみるといいと思います。
実は歳を重ねるごとに信頼を得る人は、人の話をよく聞く人。**聞き上手が真の会話上手**だったりしますから。

## ④仕事は「ニコニコ・淡々」で充分です

学生時代のグループと違い、職場は目標に対して成果を上げていくためのチームです。好かれようとしなくても、人間関係は充分構築できます。人とすれ違う時はしっかり目を見て笑顔で「お疲れさまです」と挨拶をする。仕事には淡々と誠実に向き合う。この「ニコニコ・淡々」を繰り返していけば、穏やかで信頼できる人だと印象づけられ、自分からも周囲からもコミュニケーションをとりやすい雰囲気になると思いますよ。

「仕事の場では
淡々とした誠実さが好印象に」

## ⑤「弱み」は先にさらけ出す

そして、新しい職場が決まった暁には、自己紹介で自分の弱みをさらけ出してしまいましょう！「コミュニケーションをとるのが下手なのですが、人のお話を聞くのは大好きなのでじゃんじゃん話しかけてください。よろしくお願いします！」などと先に言ってしまえば、周囲の人たちは「じゃあこちらから話しかけてあげようかな」と考えてくださると思います。

あなたはあなたのペースで、日々「ニコニコ・淡々」でお返しする。そうしているうちに、コミュニケーションが苦手と言っていたけど、想像と違ってとても感じのよい人だと周囲は感じてくれるはず。先に弱みをさらけ出すことで、あなたの株は上がるしかなくなるのです。

ご自身が持つ「友だちと楽しい毎日を過ごしたり、結婚したり、公私ともに幸せを感じたい」という目的がとても明確ですから、今描けている未来像はきっと叶えられるはずです！

苦手なことが大得意にはならなくても、ほんの少しの発想の転換で肩の荷が下りることがあります。「私、意外と人と話すのが嫌いじゃないかも?」と感じられたら、あなたが望む未来はもう手に入れられたも同然です。30歳からの人生がより豊かなものになるよう、私も応援しています!

聞き上手こそ
真の会話上手!

AHN MIKA's Advice

# 怒れないのは優しさじゃない！
# 尊厳を踏みにじられた、傷つけられたと感じたなら、はっきりと「NO」を！

今回のお悩み

**「男性に優しくすると舐められてしまう私。どうすればいい？」**

昔から誰にでも優しくできることが取り柄でしたが、大人になってから男の人に舐められてしまいます。馬鹿にされたり都合よく扱われたりして、「大事にされてないなぁ」と感じて悲しくなります。そんなことが増えても怒れなくて男の人とどう関わっていけばいいのか分からなくなってしまいました。怒るのも冷たい態度をとるのも苦手です……。相手に舐められることなく大事に思われたいし、優しくされたいです。（22歳・女性・学生）

アンミカ'sアドバイス

ご相談ありがとうございます。

「男の人に舐められる」というのが、どういう状況なのか具体例がないので、察することができないところがありますが、想像しながらお答えさせていただきますね。

あなたが、実際に男性からどのような扱いを受け、それを「舐められる」という表現にしているのかがとても気になります。

勝手にこちらが想像するとしたならば、「彼氏のワガママをすべて許していたら、いつも浮気されてしまう」とか「バイト先で、なんでもやります！　と言っていたら、全部仕事を押し付けられてしまった」ということでしょうか？

人間関係というのは、相手に優しくしたら舐められて、それを怒れば相手が姿勢を正す、というような単純な力関係で成り立ってはいません。人はもっと相手を尊重し、理解し合おうとバランスをとってコミュニケーションをとっています。怒って冷たい態度をとれば相手が優しくなる

「人間関係は、そんなに単純な力関係で成り立っていないと思います」

# 「本来の優しさとはそこに愛がある」

としたら、それはマウントの取り合いの話になってしまいます。ご自身が今、「男性に優しくすることで舐められてしまう」と感じているのなら、その考えは少し極端な気がするので、まずはその考え自体を、一度頭からはずしてみてはいかがでしょうか？

そして、〝優しさとは〟を再度、考えてみてはいかがでしょうか？

人が人に優しくできるというのは、器のある人が与えられる素晴らしい行いだと思います。

本来の優しさとは、そこに愛があります。

その優しさを相手にシェアしたのなら、見返りを期待することもなく、「舐められる」という言葉を使うことも似つかわしくないと思うのです。

そこで質問です。ご自身にとって、優しさとはどういうものでしょうか？

まずはいただいたお悩みの中から「怒れない」という表現が気になり

ました。本当は自分が怒りたいようなことをされているのに「怒れない、許してしまう」ということがあるのだとしたら、ご自身が「優しさ」を取り違えている可能性があります。自分が理不尽であると感じたり、尊厳を踏みにじられた、傷つけられたと感じながら、はっきりと「NO」と言えないのなら、それは自分で自分を愛せていないということになってしまいます。

自分を犠牲にしてまで尽くすことは、優しさではないのです。
自分を守れるのは自分だけです。
まず、自分の尊厳を傷つけられそうになった時にははっきり「NO」を言うことが、自分を大切に守ること。そして、自分への優しさにも繋がるということも覚えておいてほしいのです。

そして、一度ここで立ち止まり、自分のことを優しく労《いたわ》れているかどうか考え直してみてください。「嫌なことは嫌」「自分には価値がある」

「自分を犠牲にしてまで尽くすことは、優しさではない」

# 「優しさとは、まず自分で自分に向けるもの」

ということを自分で認識し、伝える練習もしていきましょう。

まずその第一歩が実行できてから、人にも優しくするのが強さであり、優しさだと考えてはいかがでしょうか？


次に、**優しさとは自分が決めることではなく、相手が思うこと**だと思いませんか？

もし、自分が相手に優しさを与えたいと思うのであれば、それは、心の底から喜びをもって、相手に与えていくものにしてみましょう。

その際、自分がしたことに対して見返りを期待せずに、「相手が喜んでくれて幸せ」という気持ちで行動に移し、できれば与えているというより「させていただいている」と思って行動に移せたら素敵ですね。


最後にもうひとつ。**「舐められてしまう」という言葉を口にするのは、もったいないことだと思います**。そういう言葉を発すると、言霊が自分の脳や潜在意識にインプットされてしまいます。その言葉がまわりの耳に入ると、まわりからあなたが「舐められる人」と見られてしまうこともあります。

今まで感じていた人への優しさは「自分への優しさをないがしろにしていたかもしれない。自分が思っていた優しさは心から相手がうれしいと思える優しさだっただろうか?」と、両方の面から考えて、今ここからあなたが幸せになるために本来の優しさに気づいて、幸せな人生を歩まれることを心から願います。

AHN MIKA's Advice

# 相手の悪口には乗らない！ ニコニコと**愛想よく** **“忙しさ”を演じて** 切り上げるのがベスト！

今回のお悩み

## 「コロナ禍で地方移住。ご近所付き合いに困惑しています」

ステイホーム期間に、夫と東京から地方へ引っ越しました。私はほぼ東京育ちで、大人になってから初の地方暮らし。住環境には非常に満足しているのですが、ご近所さんとの距離感に戸惑っています。引っ越しの挨拶に菓子折りを持って伺ったところ、「そのお礼に」とたくさんの野菜や果物・お菓子などをいただくようになり（こちらもその返礼をし）、近所の家庭の事情や人間関係についても詳細に長時間話をされる中で、悪口も多く含まれていて、だんだんと苦痛になってきました。ご近所には高齢者の方も多く、田舎らしいコミュニケーションだから、とは思うものの、もう少しご近所とライトにお付き合いする方法はないか悩んでいます。（40歳・女性・イラストレーター）

アンミカ'sアドバイス

ご相談ありがとうございます。コロナ禍で地方に移住される方が増えているということで、同じようなお悩みを抱えていらっしゃる方も多いかもしれませんね。

あなたは、おそらく優しい方なのでしょう。引っ越してきたときの挨拶もしっかりしていて、物をいただいたらちゃんと贈り返すなど、礼儀もきちんとされている。田舎は人の入れ替わりが激しくありませんから、ご近所さんも新しく引っ越してきた人に興味津々。きちんとされているあなたに「更に色々教えてあげよう」という気持ちでいるのだと思います。

特に高齢の方のあいだでは、そうやってご近所でお世話をしあう「持ちつ持たれつ」の関係が今も息づいています。田舎だとなおさらでしょう。それが人の温かみや田舎の魅力であったりもするけれど、たしかに都会で育った若い人はその距離感に慣れなくて戸惑ってしまうかもしれません。

上手な切り上げ方と距離の取り方で心地よく住めるようになればいいですよね。

長く、心地よくその場所に住み続けたいと思うならば、ご近所さんとは少しずつ距離をとるのが良いと思います。時に優しすぎるのは、相手にとっても、こちらにとっても良くないことがあります。ただし、YES／NOをはっきり言うことは、田舎のコミュニケーションには合わないかも。そこで提案したいのが、笑顔でムーンウォーク（後ずさり）です。

まず気をつけたいのは、相手の悪口には乗らないこと。そこで少しでも同調の相槌などを打ってしまうと「同意している」と誤解され、「あの人も悪口を言っていた」と、どこかで話されてしまう可能性があります。

「はぁ、そうですか」「ふ〜ん」とニコニコしながらもその話題に興味なさげに話を流しましょう。こちらから質問するとどんどん話は長くなるので、少しだけ聞き役に徹した後は、「このあと来客があって」「電話で打ち合わせがあって」など、後ろの予定が迫っていることをお話しして、少しずつ距離をとっていくのが良いでしょう。

**上手な話の切り上げ方は、愛想よく忙しさを演じることです。**

忙しさをアピールして切り上げる代わりに、普段のあいさつは絶対に欠かさずいつも愛想よくしておきましょう。そうすると「あの人は忙しい人だから」と、恨みをかうことなく、「あいさつもきちんとしているし、都会の若い子だから忙しいのね。邪魔したら悪いわ」と上手に理解してもらいつつ、距離がとれていくのではないでしょうか。田舎で暮らしてはいるけれど、あくまで都会での仕事をしている人だという雰囲気を醸し出して（笑）。イラストレーターさんということなので、「締め切りが

「愛想よく忙しさを演じ、
上手に話を切り上げる」

あって」「昨日は徹夜で」なんて言いながら上手に話を切り上げてみてください。たとえば、話しかけられて長くなりそうだなと思ったら「すみません、実は締め切りが迫っていて、5分くらいだったらお話しできそうです」と前もってお伝えしておくのも、良いと思います。

# 「感謝の気持ちを伝えて相手を立てる」

贈り物も、頻繁にやりとりしてしまうときりがなくなってしまうので、年末のご挨拶などのタイミングや、季節のおいしいものを少し交換する程度にし、「あなたにお世話になって助かっています」という感謝の念はお伝えして、相手を立てるようにしましょう。

ご自身が誰よりも身をもって体感されていると思いますが、田舎のコミュニケーションも煩わしいことばかりでなく、何かあったら助けてもらえたり、都会にはない人間らしい営みなど、いいところもたくさんあると思います。いいところの恩恵は授かり学びつつ、上手な断り方の技を鍛えて、田舎生活を充実したものにしてくださいね。

AHN MIKA's Advice

# 人とのつながりの中では、ある程度話を聞いたり、**共感をしたり**という部分も**大切**かも

今回のお悩み

## 「女性特有の人間関係でストレスを溜めない方法は？」

女性の多い職場で働き７ヵ月。圧のある女性、持ち上げられないと嫌な女性、自己顕示欲の強い女性、悪口陰口の多い女性、自我が強い女性、やられたらやり返す女性……、苦手な人が多く毎日精神的に疲弊しています。面倒なことはもう懲り懲りで、誰に対してもフラットかつサバサバした態度で付き合っていますし、誠実に仕事をこなして帰る、を繰り返しています。このような女性特有のつながりの中でストレスを溜めないようにするにはどうしたらいいでしょうか？（55歳・女性・会社員）

アンミカ'sアドバイス

お悩みを寄せていただきありがとうございます。お悩みを拝読して思ったのは、あなたは、これまで男の人も多い職場で働かれていた方で、急な環境の変化に戸惑っているのかな？　というのがひとつ。もうひとつは、誰にでもフラットでサバサバした態度で接するのは素敵なことですが、職場の女性たちに対しての見方を、自分の中で少し決めつけすぎてしまっているのでは……というのが気になりました。

面倒なことはもう懲り懲りと書かれているので、もしかしたら過去にも何か女性との人間関係で辛いことがあったのかもしれません。

ただ、ひとつ言えるのは、どこに行っても個性の強い人はいますし、他人を変えるのは難しいということです。なので、その環境下で豊かな時間をつくるには、人を見る目を変えるか、自分の対処の仕方を変えていくしかないのかもしれません……。

社会性というのもひとつの器です。**特に、女性特有のつながりの中で**

「社会性というのも、
ひとつの器だと思います」

は、ある程度話を聞いたり、共感をしたりという部分も大切。なにも友達になる必要はなく、職場の知り合いとして、もう少しゆるく柔軟にお付き合いしてみると、自分の器を大きくするきっかけになるかもしれませんよ。

私も長い間、女性が多い世界で仕事をしてきました。そこで、心がけていたのは、同じように自分自身も不完全なのだと認識したうえで、「いつも笑顔で毅然とする」こと。同じ笑顔でも、ふにゃふにゃしていると、軽く扱われてしまったり、人に流されたりすることもあるので、あくまでも毅然としていることが大切です。

## 「毅然とした笑顔で共感しつつ受け流す」

たとえば誰かが悪口を言っている現場にいても、その話題には乗らず、「へぇ〜」と相槌を打って、受け流していると、「この人はこういう話題に乗らない人なんだ」と認識されます。そのときも笑顔でいれば憎まれはしません。反対に、強く注意してしまうと、その人は「ただ聞いて欲しかっただけなのに……」と感じ、「恥をかいた」という恨みに変わる

ことも あるため**私は〝受け流す〟程度にして、笑顔で毅然とする「のれんに腕押し戦法」をとるようにしています**。人から持ち上げられないと嫌な人に対しても、無理に持ち上げたりはしないですが、その人の着ている洋服がきれいだったら「素敵なお洋服ですね。どこで買ったんですか」と声をかける。それで相手の機嫌がよくなるのであれば、それってとても素敵なコミュニケーションではないでしょうか。無理して褒める必要はないけれど、それでハッピーになるならいい、と考えています。

あとは、やはり職場での人間関係なので、彼女たちが仕事をきちんとこなしているのかいないのか、も大切だと思います。多少キャラが濃い女性たちであってもきちんと仕事をしているなら、別の角度で見習うところはあるのではないでしょうか。あなたも今の職場がまだ7ヵ月ならば、先輩たちから学べる部分もたくさんあるはずです。

そういう点を認めながら、その人の個性も受け入れて、自分がどう対峙するかを決めて付き合っていくのはどうでしょうか。

「人と距離をとっているうちは、
ひとつの側面しか見えない」

他人の欠点は、自分に近いところのものほど気がつきやすいとも言われています。**特に真面目に物事をこなしている自己評価の高い人は、無意識に人を裁いてしまう側面があるように思います**。まずは、本当に個性が強い人が多い職場なのか、自分が苦手だなと感じる人が多いのか、改めて考えてみてください。

ストレスを溜めないように生きていくには、自分のものの見方を意識して変えてみること。違う見方ができるだけで、あなたも楽になると思います。仕事だけをこなして、立ち話に加わらずさっさと帰るということを繰り返していると、どうしても孤立はしていきます。反対に向こうから見ると、同じようにあなたも思われているかもしれない。「あの人、人の話も聞かないし、圧があるし、気が強いし、苦手だわ」と思われてしまったら、もったいないですよね。

人には一つの側面だけではなく、色々な顔があります。口うるさいお局さんも、懐に入ってみると、すごく情に厚くお世話してくれる人だった、ということもあるでしょう。今の職場はまだ7ヵ月。あなたはまだ、彼女たちのほかの側面を見ていないでしょうし、距離をとっているうちは別の顔というのはなかなか見えてきにくいのだと思います。

人の苦手な部分を見るメガネははずして少しぼんやりとした目で見て、反対に人のいいところを見つけるように心がけてみてください。思ったよりも、心地よい人間関係を築くことができるかもしれませんよ。

AHN MIKA's Advice

# 自分で「変えられないもの」は手放す練習、「変えられるもの」は小さなアクションを起こす練習を！

今回のお悩み

## 「高身長で目立ちがち。自己肯定感が低く他人の視線がストレスです」

視線恐怖で長年苦しんでいます。子どもの頃から周りの視線がとにかく気になり、食事や買い物も苦しい状態が続いています。高身長で無駄に目立ってしまい、特に教師から目をつけられたりすることも多かったです。いじめられ体質といいますか、雑に扱われますし、色々と嫌な事を押し付けられたりしてきました。両親も性格が厳しく、友人は少しはいますが、相談は出来ません。けんかをするのが苦手で、お願いされるとつい助けてあげなくてはと思ってしまう気弱な性格です。だから勝ち負けを決めるのも苦手です。ただ、自分の人生が苦しいまま終わってしまうことは本当に辛いです。いい歳をして恥ずかしいのですが……こんなアダルトチルドレンな私に何かアドバイスをいただければと思います。（37歳・女性）

アンミカ's アドバイス

つらい心境を打ち明けてくださってありがとうございます。たくさんのお悩みを抱えていらっしゃったんですね。なかでも、ご両親が厳しかったこと、敏感な成長期に人より高身長であったことが、他のお悩みにもつながっているのではと感じました。

身長のことで言うと、私も高1から突然ぐんぐん背が伸びて、学校で同じような経験をしたことがありました。私はその後、長身を活かすモデルの道を選びましたが、幼少期・思春期に少数派ならではのコンプレックスを抱え、大人になっても自信が持てないという方は少なくないかもしれません。

しかし、こうして私にご相談くださった時点で、「相談できない」過去の自分を一つ乗り越えられていると思います。コンプレックスや心の傷を克服するには、自分で乗り越えていくしか方法がありません。

ご自身が自分で変えられることは、まだまだたくさんあるはず。

たとえば、自分で「変えられないもの」「変えられるもの」に振り分けて、「変えられるもの」だけに集中してみるのはいかがでしょうか?

## 「自分で「変えられるもの」だけに集中しましょう」

## 「目立ってなんぼ」と発想転換してみる

まず、自分では「変えられないもの」を考えてみましょう。

厳しい性格のご両親の元に生まれたこと。ご両親からもらった高身長という身体的な特徴。それが原因で子どもの頃から目立って嫌な思いをした過去。これらの環境や遺伝子、過ぎ去った出来事は、いくら悩んだところで変えられないものです。一気に手放すのは難しくても、自己肯定感を高めたいと思うのなら、いったん脇に置いておくといいかもしれません。

ご自身にとって大切なのは、自分で「変えられるもの」の方です。

今からでも高身長の自分を好きになる努力をしてみましょう。ファッションから変えていくのも一つの方法。今は高身長の方向けの素敵な洋服も、ファストファッションで気軽に購入できます。トレンドの柄物や、ゆったりしたオフタートルセーターなども、高身長の方にこそ似合うアイテム。カラフルな洋服に身を包んでもカッコよいですね!!

**「目立ってしまう」ではなく、「目立ってなんぼ」と発想を転換すると、**

**これまで怖いと感じていた誰かの視線も、味方につける**ことができます。**どうしても目立ってしまうのならカッコよく目立つのです。**

他人からの視線は悪意のあるものばかりではありません。あなたのことも、小柄な方が「すらっとしていて素敵だな」とか、「うらやましいな」と思って見ていることも多いかもしれませんよ。

今すぐに自分の全てを愛せなくても、パーツから好きになっていくことだってできます。耳の形、髪の毛のツヤ、腰の位置の高さ、まつ毛の長さ、なんでもいいんです。たとえばまつ毛が長いのなら、色々なマスカラを楽しんでみることでメイクの幅が広がり、目、眉毛、顔の輪郭と、さらに他のパーツも好きになれるかもしれません。

私の講演会では、「隣の席の人とお互いに素敵なところを3つずつ褒め合ってください」というお題を出させていただきます。当然皆さん初対面ですから、「おでこがきれいですね」「首がきれいですね」と、パッと第一印象で感じた素敵なところを褒め合うのですが、とっさに出てき

「少しずつ自分のことを好きになる方法も」

た言葉なので嘘がありません。すると不思議なもので、コンプレックスを感じている部分がよく褒められるのです。相手から見ると〝個性〟や〝長所〟に見えることが分かると、途端に自分の好きなパーツに変化したりするものです。

## 「誰かの承認欲求を満たすことで、返ってくるものがある」

次に、もしできれば、職場の方でもお友だちでもいいので、いろんな人を少しだけ褒めるレッスンをしてみませんか？　すると褒められた相手も「あなたもここが素敵ね！」と返してくれることがあるはず。あなたがご両親から承認欲求を満たされなかったからこそ、誰かの承認欲求を満たしてあげる。そんなコミュニケーションを意識することで、人と認め合える好循環が生まれやすくなると思います。

褒められて嫌な気持ちになる人はいませんし、共通の話題に乏しい人でも「今日、○○さん素敵なコート着てますね！」などと褒めることで、会話の空気が丸くなり、一日のスタートが明るいものになるはずです。「他人は自分を映す鏡」です。誰かを認めることで、自分も認められていると実感できる機会が増えれば、人の視線も、人を信じられない気持ちも、高身長のコンプレックスも、いつの間にか薄らいでいくかもしれません。

人とけんかをするのが苦手、誰かを助けてあげたい、勝ち負けを決めるのも苦手というあなたの性格は、長所であり「変えなくていいもの」だと思います。そんな自分を「気が弱い」などと考える必要はなく、そんな優しいあなただからこそ、同じ痛みを持つ人たちにも寄り添うことができるはず。

私たちみんなにインナーチャイルドがあり、みんなアダルトチルドレンです。心配という字を「心配り」に変換して、これからは「変えられないもの」は手放す練習を、「変えられるもの」は小さなアクションを起こす練習をして、少しずつ自分を愛する努力をしてみてくださいね。

## 「自分で自分の長所に気づこう」

AHN MIKA's Advice

# 「聞き役」は立派なムードメーカー！ 質問したり、相槌を打つことも コミュニケーションです

今回のお悩み

**「友人や知り合いがたくさんいる恋人の、仲間の輪に入っていけません」**

彼はとても社交的でたくさんの友人、知り合いがいます。私はというと、元恋人の束縛がひどく、人との付き合いが断たれて、友人も知り合いもいない状態。彼の友人や知り合いがたくさんいるところにいると、なかなか輪の中に入っていけず、ひとりぽつんと置いてきぼりになってしまいます。それがとてもつらくなってきてしまいました。私の寂しさや嫉妬心からだと思います。できれば一緒に楽しめたらいいのですが、それが難しいとしても、せめて気にせずにいられるようになりたいです。（47歳・女性）

アンミカ'sアドバイス

大切な彼との時間をつらく感じる原因、「彼と友人たちの輪に入れない」お悩みについてですが、まずは「自分から発信することだけがコミュニケーションじゃない」と考えてみるのはいかがでしょうか?

「輪に入ること」＝「自分から話題を投げかけること」と思いがちですが、**質問したり、聞き役に回ったり、相槌を打つことも立派なコミュニケーションのひとつ**（本書30ページ参照）。

おしゃべり好きで会話上手なお仲間なのだとしたら、あなたが会話の中で「それってなに?」と疑問に思ったことを遠慮せず質問したり、共感、頷きなど聞き役として盛り上げたりすれば、話の輪も穏やかになり、華やぐのではないでしょうか?

私は友人たちとお話をする時、相手がおしゃべり好きな人の場合には聞き役に回り、うんうんと頷いたり、相槌を打ったり、「へぇーそれで?」と合いの手を入れたり、質問をたくさんするようにしています。すると

## 輪に入る＝発信するだけではない!

## 「質問」は強力なコミュニケーションツール

「アンちゃんって、いつも話をよく聞いてくれて、気持ちいいわ〜」と喜んでくれて、私も嬉しい。心の輪が広がるのです。

実際に、私自身が話し役になっている時には、よく話を聞いてくれている人の表情は覚えているものです。

知らない話題や単語は「前も言ってたけど、それってなに？」と素直に訊ねてみる。「それ質問されたの初めてかも！」「確かに聞かれてみるとなんだっけ？」と、**あなたの「質問」が薪となって、会話という焚き火がさらに明るくなるかもしれません。**

質問役や聞き役に疲れてしまった時は、仲間のお酒を作ってあげたりと、小さな心配りをするのだって、立派に「みんなの輪に入る」ことだと思いますよ。

あなたの彼や仲間に共通の「趣味」があるとしたら、ご自身でも一度トライしてみるとよいかもしれません。**続かなくたっていいし、面白くなかったら、それでもいい**。「なんでみんなは続けられているの?」「どこを楽しめばよい?」などと質問をすれば、面白さを伝えようと熱弁をふるってくれたり、突っ込んでくれたりと、新たに一歩踏み込んだコミュニケーションが生まれるでしょう。

自分でやるのは気が向かないけれど、マネージャーやサポート役としてなら深く関われるかもしれませんね。

社交的で友人が多い彼は、これまで沢山の人を見てきているはず。そんな彼に見初められ、愛されているあなたは、とても魅力的な女性なのだと思います。

自慢の彼女だからこそ、彼も仲間たちの輪の中に手を引いて連れていくのでしょうし、そばにいても会話に夢中になってしまうのは、「仲間たちに自然に溶け込める人」と信頼している証でしょう。

「「わからない世界」が「楽しい世界」に変わるかも」

# 「あなたは自慢の彼女で、信頼されている人」

疎外感や嫉妬を感じるよりもまず、「知らない世界を知っている仲間たち」の中にいる自分を面白がってみると、あなた自身の世界も広がります！

思い切って行動して、彼と仲間との時間を素敵なものにしてください。

chapter 2

From Love to Marriage

アンミカ流

# 恋愛から理想の結婚を叶える秘訣あり♪

AHN MIKA's Advice

# 恋愛経験で相手をジャッジするのは、今すぐやめましょう！

今回のお悩み

## 「婚活中だけど、恋愛経験が乏しく相手の過去が気になります」

私は女子校育ちで20代は女性の多い職場に勤めていたため、恋愛経験が乏しいです。32歳からマッチングアプリを利用。今は結婚相談所に登録しています。互いに好感を持てる相手に出会えても、相手の恋愛遍歴が気になって、自分より充実した恋愛経験と比べてしまいます。「歴代の元カノたちと比べられる（思い出の中の彼女たちはずっと若くて美しい）」「女性とあらゆることを経験済みで、もう私とは感動体験してもらえないんじゃないか」「長く交際していたのなら絆も深いはずだから復縁するんじゃないか」など、ネガティブな思いばかりが生じて、その方を候補から外してしまい、私は一向に先に進めません。自分と同じくらいの恋愛経験の方を理想として探していますが、運良く交際経験ゼロの男性に出会ったとしても、そういう人は警戒心が強く、歩み寄るのが難しいです。私は日々加齢のサインを実感し、年齢的に結婚を焦っています。どうやって発想の転換をすれば良いのか、ご意見をお聞かせくだされば幸いです。（35歳・女性・会社員）

アンミカ'sアドバイス

言いにくいこともとても詳しくご相談くださり、ありがとうございます。あなたが包み隠さず打ち明けてくださったので、私もあなたの幸せのために素直にお伝えさせていただきますね。

素敵なお相手とお付き合いしたいと本気で考えていらっしゃるなら、**相手を恋愛経験でジャッジするのはやめましょう。**

人は誰にでも過去があり、過去の経験が「今」を形作っています。恋愛も含めて、経験は人生の宝。その人だけの特別なものですから、誰もジャッジすることはできません。

交際人数の申告も、「少ないと怪しまれるかも」と思い嘘をついている可能性もあります。それは、本人にしかわかりません。

そう考えると、自己申告の交際歴や恋愛遍歴は、重要な情報のようで、あまり〝アテにならない〟とも言えませんか?

**見定めるべきは過去ではなく、目の前にいるお相手の「今」です。**どんな言動をする人か、どんな笑顔を見せてくれる人か、問いかけにどう答えてくれる人か――。少しずつでもいいので、相手の「今」を素直に

## 「目の前にいる相手の「今」と向き合って」

## 「自分を磨く努力を重ねていくと、自己肯定感も少しずつ高まっていく」

見つめ、受け入れる練習をしてみてください。元カノが気になる……なんて、目に見えない存在も恋敵とみなすのならば、条件にかなう男性は、「ほぼいない」ことになってしまいます。ここで、婚活相手に抱いてしまう具体的な不安に対して、一つ一つお答えさせていただきますね！

●歴代の元カノたちと比べられる（思い出の中の彼女たちはずっと若くて美しい）

→元カノたちも妖精じゃありません。現実世界では歳を重ねています。元カノも新しい人生を別の人と歩んでいるかも。現実思考で今にフォーカスして楽しんでいきましょう！

●女性とあらゆることを経験済みで、もう私とは感動体験してもらえないんじゃないか

→人間は何度でも感動体験できる生き物です。それに、新しい発見と感動は出会う度にありますよ。人間はそんな単純なものではありません。

●長く交際していたのなら絆も深いはずだから復縁するんじゃないか

→あなたの目の前にいるのは、元カノと復縁した男性ではなく、新たな出会いを

求めて、あなたと会っている男性です。お相手の「今」を見つめましょう。

年齢や結婚への焦りもあり、理想と現実の狭間で身動きが取れない状態かもしれません。でも、**もっと自信を持てるようになることで、その想像力をポジティブに方向転換できる**と思います!

これまで男性とご縁が少なかったとしても、それはもう過去。今から自分磨きをして、自信をつけていくことができます。問題は未来です。あなたの周りにはきっと、恋愛を楽しんできた女友達もいらっしゃることでしょう。「これから恋愛するために私に必要なことを教えて!」とお願いすれば、「本当!? 前から伝えたかったの〜!」なんて、お節介なくらいたくさんのアドバイスをくれるかもしれません。

男性によって好みは千差万別です。髪型一つで女性はキレイになれますし、身だしなみに気をつけるだけでも印象がガラリと変わります。自分のよい所、例えば肌がキレイ・まつ毛が長いなどを発見して好きになり、磨いていきましょう! 友達におすすめの髪型やメイクを聞いてみたり、友達の素敵な恋愛談を聞いて参考にするのもいい！　誰かと楽しむ時間が増えたり、自分を磨く努力を重ねていくと、自然と自己肯定感も少しずつ高まっていくはずです！

ちょっと自信がついてきたぞと思ったら、**心の中で呟いているネガティブ言葉をポジティブに変換する「心のネガポジ変換」**を試してみてください。あなたのネガティブイメージは、たとえばこんなふうに変換できるのではないでしょうか。

「自分を大切にしてきた私、エライ！　これから知らない自分を開放できるのが楽しみ！」

「恋愛経験が少ないまっさらな状態の私に、色々教えてくれる人と出会えたらいいな！」

こんなふうに心のネガポジ変換ができると、なんだかワクワクしてやる気が起きませんか？　「急いで結婚しなきゃ！」と険しくなっていた表情も、少しずつ和らいでいくはず。女性でも男性でも、眉間にシワを寄せている人には声をかけづらいですからね。

私が占星術家Ｋｅｉｋｏさんの本の中で見つけた、とっても素敵な言葉があります。それは「積極的に待つ」。

積極的に準備をした上でどんと構えていれば、その余裕に引き寄せられるように人もチャンスもやってくるということ。私もそう思います。何もしないのにチャンスだけ欲しがるより、叶う率は高めになります。

今まであなたは、変わる努力を人知れずたくさんしてこられたはず。これからは友達のサポートを大いに借りたり、心のネガポジ変換を積み重ねて、さらに自分磨きを加速させてみてください。「誰かに大事にされるより、誰かを大事にできる私になろう!」とネガポジ変換できたのなら、チャンスはきっと目の前です。

AHN MIKA's Advice

# 相手がいる問題で<br>**「悲観的なひとり相撲」**を<br>とるのは<br>もったいない

今回のお悩み

## 「出産リミットが迫る中〝10歳年下の彼〟とは結婚前に話し合うべき？」

年下の彼との結婚・出産について悩んでいます。私は今年40歳でバツイチ・子なし。彼は今年30歳。一緒に暮らし始めて３年。数ヵ月後には結婚するという話も出ています。私は子どもを欲しいと思ったことがありませんでしたが、今の彼と付き合うようになって考えが変わりました。しかし、彼はまだ若く、今は専念したい夢があります。子どもを持つことについては、付き合い始める時から何度か話し、私にはもう時間があまりないこと、ずっと一緒にいるつもりなら、子どもについての決断を早くしなければならないことを話し済みです。彼ははっきりとは言いませんが、「いつかは……。だけど今すぐは、自由が奪われるから覚悟できない」、そんな思いが見て取れます。もし、将来どうしても欲しくなれば、養子を受け入れる手段もあると言っていましたが、私にはその選択肢はありません。今もし、どうしても子どもが欲しいと言えば、優しい彼はきっと、私の気持ちに寄り添ってくれると思います。けれど私は彼にそんなふうに人生を決めさせたくない。でも、今、我慢してしまったら、この先ふとした時に彼を責める気持ちが生まれ、彼を大好きな気持ちも揺らいでしまうのでは……と悲しくなります。私は彼と一緒にいたいのではなく、ただ子どもが欲しいだけなのか？　自問自答してもわからず、答えが出ません。心が途方に暮れています。（39歳・女性・フリーランス）

アンミカ'sアドバイス

ご結婚を前に、彼氏さんと子どものことについて「ちゃんと話し合わないと」と思い詰めていらっしゃる様子がひしひしと伝わってきます。**40歳になる女性が子どもを急ぐ気持ちは、女性として本能的**であり、本当に愛する人と巡り合えたからこそ。そして、この人との子どもが欲しいと思えたことは素晴らしい奇跡です。

今すべきことは、まずは「この人との子どもが欲しい」と思える男性との「結婚」に向かうことではないでしょうか？

「今すぐは、自由が奪われるから覚悟できない」といった思いをお相手から感じるのは、あなたの想像であり、お相手の発言ではないのですよね。むしろ、**真剣に子どもが欲しいと彼に言えば、彼は寄り添ってくれる。そんなふうに思える彼のことを、もっと信頼してはいかがでしょうか**。あなたが今、陥っている〝ひとり相撲〟の原因は、おそらく悲観的な想像を巡らせていることにあるようにも思います。起こってもいないことで彼への愛情や信頼が薄らいでしまうのは、彼にとっても寂しいこ

「彼のことを、もっと信頼してはいかがでしょうか」

## 「結婚前に「覚悟」を突き付けるのは危険かもしれません」

とだと思います。

あなたはきっと、真面目で誠実な方なのでしょう。子どものことについてしっかり膝を突き合わせて話し合い、合意のうえで結婚に進みたい。そのお気持ちはわかります。ですが私は、**子どもの話は結婚してからでもいいのでは？**と感じました。

彼が30歳とお若いこともあり、年上のパートナーとして「彼の夢を邪魔したくない」という一種の〝遠慮〟がご相談からは感じられますが、少し冷静になって考えてみてください。**そもそも子どもは本当に「彼の夢の負担になる」存在でしょうか？あなたが子どもを欲することは「彼の夢を邪魔する」ことでしょうか？**私は決してそうは思いません。

世の中には、当初は子どもはいらないと言っていたけれど、家庭や子どもができたことで仕事に責任感を持てたり、人生がより充実したという男性の話はたくさんあります。

面と向かって結婚や子どものことを話す時、男性には少なからず**「一人前になったら」「覚悟ができたら」と及び腰になってしまう人**がいます。

彼がそうとは限りませんが、家庭を持つ覚悟、子どもを持つ覚悟、場合によっては不妊治療の覚悟など、**面と向かって様々な覚悟を突き付けることで、結婚に対して及び腰になる心理が働いてしまうかもしれません。**もしもあなたが彼と別れて「子どもが欲しい」と公言する男性とお付き合いをされたとしても、そうしたことが起こる可能性はゼロではないと思います。

今から白黒つけておくよりも、結婚後に、緩やかに気持ちを伝えていくほうが、お二人の精神的な負荷は少ないと思います。「子育ては現実として大変な側面もあるけれど、子どもはとてもハッピーな存在で、あなたとだったらきっと楽しくできる」。**大人の女性のあなただからこそ、そんなポジティブなプレゼンだってできるはずです！**

「白黒つけるより
「結婚してから」「緩やかに」」

# 後悔しないよう「ひとりで打てる手」は打っておく

結婚前に明確な合意がなくたって、結婚生活の自然な営みの中で子どもを授かることだって十分考えられますし、授かった愛の結晶を前に「オレは欲しくないって言ったのに！」なんて暴言を吐く男性はそうそういません。あなたの文章からも、彼がそんな人ではないことが伝わってきます。子どものことだって何度か話し合っている。あなたの年齢も理解している。それでも結婚を決断したならば彼を、どうか信じてあげてください。

あなたが〝彼を信じること〟と並行してできる、自分自身が後悔しないための方法のひとつには「卵子凍結」もあります。ご年齢的に相談できるクリニックが限定されたり、検査の結果を見て希望に添えないケースは出てきたりするかもしれません。ですが何もしないで案ずるより、まずは医療機関に相談して、子づくりにチャレンジできる可能性にトライしておくことも、悔いを残さないための行動になるのではないでしょうか？

子どもは〝授かりもの〟という現実は当然ながらあります。でも、あなたが後悔しない人生を送るための道筋、その計画を立てられるのはあなたしかいません。彼に遠慮をして顔色を窺うばかりではなく、自分ひとりでできることは自分で手を打っておく。そうすることで、〝彼を責める未来〟への悲観的想像も薄らいでいき、心置きなく愛する人の手を取れるのではないでしょうか。

もし子どもができても、できなくても、彼はあなたにとって「この人との子どもが欲しい」と思うことができた、かけがえのない男性であることに変わりはありません。だからその愛情を手放さないで、ぜひ幸せな現実への一歩を踏み出していただきたいなと思います。

私もおふたりの明るい未来を、心から祈っています!

AHN MIKA's Advice

# 都合の良い
# **言葉に流されず、**
# 夫への愛情と守りたいものを
# **冷静に秤にかけて**

今回のお悩み

## 「不倫夫から『お互いにセカンドパートナーを持とう』と提案されました」

夫が同じ職場の女性と2年間不倫をしていたことが発覚。私と別れる気はないけど、彼女も大切だと不倫相手と別れてくれません。子どもも2人いるし、夫婦仲もよいので私も離れることは考えられませんが、不倫を続けられたら精神的に参ります。夫の希望は、お互い「セカンドパートナー」を持つことを許可して、新しい夫婦関係を築いていきたいそうですが、私は一対一で愛を育みたいんです。そもそも女グセが悪く誰にでも優しい夫は、私と結婚して15年間我慢していたようで、これからは自分のやりたいようにしたいと言い出しました。私自身、もっと夫と真剣に向き合うべきだったところもあるとは思います。（39歳・女性・自営業、自由業・長男12歳、長女８歳）

アンミカ'sアドバイス

まず一読して感じたのは、旦那様はあなたに対してとても失礼だということです。本来、セカンドパートナーは肉体関係をともなわない関係性だといいます。世の中には色々な愛の形がありますし、セカンドパートナーを夫婦で容認し合うことも、ひとつのパートナーシップのあり方かもしれません。しかし、今回の話の流れはいただけませんね。自分の不貞行為が発覚した途端、開き直って「お互いにセカンドパートナーを認め合おう」なんて、**旦那様は自分に都合が良さそうな言葉を引っ張り出して、自己保身に走っているだけ**。

誰もがパートナー以外に、彼氏や彼女を求めているわけではありませんよね。あなたは「一対一で愛を育みたい」という思いなのですから、旦那様の考えに合わせる必要はないと思います。

それに、嫉妬深い人ほど浮気するとも言われるので、**あなたが本当にセカンドパートナーを作ったら、旦那様は耐えられるのか疑問が残ります**。不倫相手も大切だと豪語する旦那様に対しては、現実的な面から交

「都合が良い言葉で開き直り……
身勝手すぎます!」

## 「話し合いが平行線を辿る場合は弁護士に相談の上で「内容証明」という切り札も」

渉していくしかないのかなと思います。

現実的な面とは、やはりお子さんのことです。お子さんは12歳、8歳と育ち盛りですし、多感な時期ですよね。旦那様は不倫相手をお子さんと会わせて「ママも好きだけど、僕には彼女もいるんだ」と、子どもたちに言えるのでしょうか？

妻の思いを踏みにじって自分勝手に生きる背中を、子どもたちに見せられるのでしょうか？　一度旦那様と膝を突き合わせて、話し合ってみてはいかがでしょう。あなたが不倫行為に目をつぶったまま生活を続けても、やはりその苛立ちは家庭内に表れると思うのです。そんな不健全な環境で子どもたちを育てたくないということも、しっかりお伝えしてみてください。

「私がもっと、夫と向き合うべきだったところもあるとは思います」とおっしゃっているので、子育てに一生懸命な時期を経てセックスレスの傾向があったり、女性としての意識が欠けていたと感じていたりするのなら、異性としての魅力を感じてもらうにはどうしたらいいかも、話し合ってみるといいかもしれません。

話し合いで改心してくれたり、夫婦間のセクシャルな課題が解決すればいいのですが、どこまでいっても平行線を辿るようなら、やはり別居や離婚のことも話し合わなければならないと思います。

そこであまりに不誠実なものが見えたなら、旦那様と不倫相手が勤める職場に、弁護士に相談の上で不倫の「内容証明」を送ることも、頭の片隅に置いておいた方がいいのではないでしょうか。不倫を認めずに妻の気持ちを顧みず、セカンドパートナーという提案をした旦那様には、その選択をした責任がありますし、代償を払う可能性があることを理解した方が良いと思います。

まずは離婚をしないための話し合いをしてみる。弁護士さんへの相談や「内容証明」は最後の切り札としてご自身の胸の内に秘めておく。関

「旦那様は代償を払う
可能性があることを理解すべき」

係修復のために、切り札は最後の最後まで明かさない方がいいと思います。とても苦しいかもしれませんが、旦那様に対する愛情と、あなたが守りたいものを冷静に秤にかけながら、粘り強く交渉してみてください。

旦那様が自由な振る舞いをできる余裕があるのは、あなたの大きな愛と器に甘えているからだと思います。旦那様が一番大切なものに気づき、おふたりが一対一で愛を育める日々が来ることを、心から願っています。

AHN MIKA's Advice

# 別れは必ず、次の恋愛に活かせます。**「感謝の気持ち」**を心に留め、**依存心や未練**は少しずつ手放して

今回のお悩み

## 「閉経を迎えた彼女からの、突然の別れ話」

44歳男性です。10年以上お付き合いしていた年上の女性とお別れしました。理由は、相手が閉経を迎え、その時に私と付き合っていくのが面倒になり、恋愛対象外になったとのことでした。しかも家賃を滞納しそうで、元旦那さんの家にシェアハウスのような感じで戻る、と言われました。今でも納得ができていなくて、これまで支えてくれた人が突然いなくなったのがとてもつらいです。友達に戻りましょう、と言われましたが、嫌なので連絡を取っていません。自分の短気もありますが、彼女の体の状況がわからず、求めてしまったのがいけなかったかもしれません。

一緒にいるだけでもよかったのですが、束縛もあったので、疲れさせてしまったのでしょう……。恋人には戻れないと思うので、彼女のことは忘れたいです。思い出の物は全て処分しましたが、長年一緒にいていろいろ思い出はあるので、思い出さない努力をしていきたいです。（44歳・男性・会社員）

アンミカ'sアドバイス

こんにちは。長年お付き合いした恋人とのお別れ、その苦しい胸の内をご相談くださり、ありがとうございます。失恋の傷はすぐには癒えないかもしれませんが、前に進めるよう、ぜひアドバイスさせていただきたいと思います。

年齢に伴う女性の体や心の変化は、人によって実に様々です。更年期に差し掛かり、ホルモンバランスの変化が、パートナーシップにおいて何かしらの影響を与えるケースもあると思います。ですが、「閉経がきっかけで恋愛への意欲がなくなった」というのは、あくまでお相手個人の状態や理由であって、すべての女性に当てはまるものではないとは思います。

**女性も男性も、いくつになっても恋愛はできるもの**。ですから、あなたには今回の辛いお別れを「女性の年齢からくる変化によるもの」で収めずに、**ご自身を振り返る機会だと捉え、次に活かして素敵な恋愛を、**

「年齢による変化は、人それぞれ違うもの」

## 「悩みに悩んだ末の言葉と、覚悟だったのでは」

**またしていただきたいと感じました。**

ご自身が思い当たるお別れの原因について、【ご自身の短気さ、束縛してしまったこと、お相手の体のことを考えず求めてしまったこと】、などを挙げています。健全なパートナーシップを阻むそれらの要因に自覚があるとしたら、あなたがおっしゃるように、長年にわたって我慢を重ねたお相手が、疲れてしまったというのも一理あるかもしれません。

**「恋人には戻れないから彼女のことは忘れたい」と綴られていますが、その方向でよいと思います。**経済的な理由があるにせよ、お相手が女友達やご実家ではなく、「元旦那様」のところにシェアハウスのような形で身を寄せるというのは、あなたとの恋人関係にはきっぱりと終止符を打つ、という強い覚悟を感じるからです。

酷な言い方かもしれませんが、「閉経を機に恋愛対象外になった」というのも、あなたの短気さや束縛などを感じ取る中、話し合っても自分のことを分かってくれないだろう、と悩みに悩んだ末に伝えた言葉だったのかもしれません。

お相手は、あなたが自覚されている短所も含めて、10年以上お付き合いをし、たくさんの思い出を作ってくれた方。ですから、彼女を憎んだり、恨んだりしないでください。「短気だったな、束縛してしまったな、相手の体のことにまで考えが至らなかったな……」というパートナーシップがうまくいかなかった原因に対する気づきを与えてくれたお相手には「感謝の気持ち」だけを心に留め、**依存心や未練は少しずつ手放していけるようになることを願います**。

つらい別れから学び得たものは、とても大きなものです。**恋愛における別れは失敗ではありません**。次は「お互いを尊重できる関係性」を築けるように、今回の反省点をしっかりと心に刻んで、次に活かして新しい出会いに目を向けてください。

「別れは必ず、
次の恋愛に活かすことができる」

## 「別れを受け入れた」自分に誇りを持って

**人を愛するとエゴが出てくるものですが、そのエゴに負けないでください。**どんなに好きでも、納得できなくても、彼女の気持ちを尊重して別れを受け入れたご自分に、どうか誇りを持ってください。**相手の気持ちを尊重し、別れを受け入れてあげられたのも、美しいひとつの愛の形です。**

そしてこれを機に、こうした悩みを相談できる友人を作ってみてはいかがでしょうか？　ご自身のことを冷静に見つめ直せたあなたになら、きっと本心を打ち明けられる友ができるでしょう。

何度もお伝えしますが、いくつになっても恋愛はできます。別れという苦しみと引き換えに大きな学びを得たのですから、大人としての思いやりや、相手の心と体を労る気持ちを忘れなければ、これからだって素敵な出会いに恵まれるはず。

彼女に感謝の気持ちで区切りをつけたあなたが、また心から大切にしたいと思える人に巡り合えるよう、私も祈っています。

AHN MIKA's Advice

# 独身の方の**選択肢は**
# **「AかB」の二択じゃありません！**
# そして人生は
# 思いのほか長いですよ

今回のお悩み

**「『お金なし元彼』or『貯金あり先輩』。
結婚の天秤に揺れてます」**

約４年付き合っていた方と別れました。彼は結婚したいと口では言うものの、何も行動を起こさず、「金がない」が口癖。もうすぐ30歳になる私は、いい加減待てないと別れることに。実は別れる前から、姉の知人の先輩を紹介されていました。優しくて良い人です。相手は結婚願望もあり、トントン拍子に話が進むんだろうな……と正直思います。でも、その方に対してどこかしっくりきていない自分も。元彼は奨学金の返済もあり、金銭的余裕はなく、結婚したら苦労するのが目に見えています。一方、先輩は借金もなく、貯金もあります。最近元彼と再会し、ご飯に行くと、正直楽しいひとときでした。その帰り際、自分でもよく分からないのですが、突然涙が流れてきました。復縁しても、同じことを繰り返す気もします。ですが、それから「結婚ってなんだろう」と考えてしまうように……。まだ結婚もしてないのに、結婚の先の不安ばかり考えてしまいます。ちなみに、両親は元彼と結婚するとなったら喜ばないと思いますが、相手が先輩なら応援してくれると思います。前向きになって、どっちと結婚しても幸せになれるってスッキリしたい。自信を持ちたいです！　（29歳・女性・公務員）

アンミカ'sアドバイス

元彼と先輩、二人の男性の間で気持ちが揺れていらっしゃるとのこと。もうすぐ30歳ということで、周囲の人たちの結婚や出産が続いたり、親からも結婚が期待されたりと、少し焦っていらっしゃるのかもしれませんね。

結婚生活、そして人生には思いもよらない出来事が起こるものです。少々不幸な例え話で恐縮ですが、どちらかに病気が見つかったり、事故に遭ってしまうこともあり得ます。「今の世の中、想いだけでは結婚は成り立たない」と言われるかもしれませんが、愛情に乏しく、条件だけがよい人との結婚は、大変な局面で尽くし合えないと思うのです。

29歳のあなたには、もしかしたら、結婚することや子どもを産むことが女性としての人生のゴールに見えるかもしれません。ですが、人生は思いのほか長いものです。毎日一緒に過ごしながら、心の機微を理解し合えるか。許し合うことができるか。喜怒哀楽を共有できるか。こうし

「条件面だけでは、
結婚生活は難しいものです」

た相性は、物質的な条件面だけで測れるものではありません。

条件のよいお相手を選んで親御さんが喜んでくれたとしても、それはいっときのもの。あなたはその方とずっと一緒に暮らすのですから、人生という長距離走のパートナーは、あなた自身の心の目で選ぶしかないのです。

## 「結論、ふたりと会って比較したって構いません！」

では、あなたは元彼と先輩、どちらを選ぶべきなのでしょうか？　結論としては、「どちらも選ばずに、比べてみてもいいのでは？」と提案させていただきます。あなたは独身でフリーなのですから、もっと気楽にお二人と会ったとしても、誰も咎めません。

これは二股をすすめているわけではなく、きちんと双方とも一線を引いて、自分を大切にしながらふたりとデートを重ねて、見極めてみてもよいのでは？　ということです。

4年間のお付き合いの後、お別れしたのに再会しても楽しい元彼さんは、あなたとの心の相性がいいのかもしれませんね。お悩みの文面からは、ご自身の未練も少なからず感じます。ただ、元彼の「お金がない」の口癖は気になります。奨学金の返済だけが原因なのか、お金の使い方に計画性がないのか、ギャンブルなどに使ってしまうのかがわからず……。金銭面のことが少し気になりました。お金の計画性は誠意につながるからです。

あなたがヨリを戻したい、やっぱり元彼と結婚について歩みを進めたいと考えるなら、その意思表示をした上で、金銭面の課題について話し合うべきでしょう。元彼が真面目にお仕事をしていて、ギャンブルに興味がなく、身の丈に合わない贅沢をしない人で少し計画性が緩い程度のタイプであれば、二人で返済や貯金などの計画を立てて、「ヨリを戻して一緒に幸せを作っていく道」もあると思います。

一方の先輩にも、実際に何度か会ってみてコミュニケーションを重ね

「お金の計画性は誠意につながる」

## 「選択権は私にある!」くらいの気持ちで

てみてはいかがでしょう? 優しいし経済力もあるのにしっくりこない原因は、4年も付き合った元彼と比較してしまうからなのか。それとも違う理由なのかは、もう少し近づいてみることで見えてくると思います。

いずれにしても、先輩とはお付き合いにまだ至っておらず、元彼とも復縁されていないようなら、二つの選択肢を前に思い詰めるよりも、自由に会ってみたらいいのです。二股はよくありませんが、独身の間は「選択権は私にある!」くらいの気持ちでいいのですよ。

とはいえ、元彼の「お金がない」は、そもそも結婚を避けるための口実かもしれないし、お金のことなんて気にしないよ! という新たな女性がすでに現れていないとも限りません。先輩も結婚願望はあっても、あなたと実際にお付き合いしてプロポーズしてくるとは限らないわけです。起こってもいないことを考えすぎてしまい、何もアクションを起こさなかったことで、彼らがあなたの前を通り過ぎてしまうのは、一番もったいないことです。

さらに言えば、今はAかBの選択肢で迷われていますが、**独身の強みはいくつもの出会いの中から、自分に合った人を見極められること**です。

まずは結婚を目的化するのをやめて、友人や職場の人などに声をかけて出会いの場をセッティングしてもらい、たくさんの男性と会ってお話ししてみてはいかがでしょうか？　「どんな人を選べばいいか」迷うようなら、素敵な結婚生活を送っている身のまわりの人にその秘訣を教えてもらったり、結婚に至るまでのエピソードを聞くのもおすすめですよ。

元彼と先輩どちらと結婚しても、あなたの心の持ち方次第で幸せになれる。もちろんそうかもしれません。ただ、それぞれに引っかかるものがあるのなら、どちらも選ばずに新たな選択肢だってある。そんなことも、ぜひ覚えておいてほしいのです！

あなたらしく悔いのない幸せの選択ができるよう、自分磨きを楽しみながら、素敵な人を選んでください。私も応援しています！

## 「独身の方の選択肢は「AかB」だけじゃありません」

AHN MIKA's Advice

# 過去の過ちに罪悪感を持つより、自分を責めなくて済む行動を“今、これから”すること！

今回のお悩み

**「大切な今彼がいるのに、元彼と関係を重ねて罪悪感だけが募っていく」**

半年ほど前からお付き合いしている方がいます。彼からはとても愛情を感じますし、何か不満があるわけではありません。悩んでいることは、前にお付き合いしていた方のことです。私から別れを切り出したものの、どちらも気持ちが残ったまま（彼の仕事が多忙であまり会えない、真摯に向き合わない態度に嫌気が差したことがきっかけで）別れました。元彼から電話が来たことがきっかけで、一度会ってしまうと一緒にいる楽しさから、元彼に惹かれてしまう私。その後、元彼と３回関係を持ってしまいました。毎回自分がしたことに罪悪感を持ち、もう会わないと元彼には伝えますが、結局会って同じことの繰り返し。元彼とはいい関係でいたいと思ったこともありますが、この際、関係を切るべきだと思っています。どうするべきかは自分でもわかっています。ただ自分のしてしまったことへの向き合い方に日々悩んでいます。このような悩みで大変お恥ずかしいのですが、アンミカさんから一喝していただきたいと思い投稿しました。（女性・24歳・会社員）

アンミカ'sアドバイス

恋愛のお悩みをご相談くださりありがとうございます。ご自分の中で正しい答えは見つけていらっしゃるようなので、私からは一喝するというより、改めて現実を整理し、覚悟を後押しするためのアドバイスをさせていただければと思います。

元彼が連絡をしてくるのはヨリを戻したいからでしょうか? 自分が都合の良い時に体を重ねたいからでしょうか? 私から見た元彼の思惑は、失礼ながら後者としか思えません。あなたと過ごす時間は、元彼にはとっても楽なのでは?

だって、あなたには彼氏がいるのですから、自分が幸せにする必要もなければ、不誠実さを責められることもありません。彼にとって責任というリスクなしに、気楽に会える時に会える相手にはなっていませんか?

ここで思い出してみてください。元彼とお別れした理由は、彼が多忙

## 「その元彼は「あなたの幸せを邪魔する存在」です」

## 「後ろめたい行為はやがては愛する人を疑う心に」

であまり会えなかったこと、真摯に向き合わない彼に嫌気が差したことでしたよね？　今、あなたに「楽しさ」だけを提供してくれる元彼の一面は、本質的なものではないと、あなたが一番よく理解しているはずです。それに「僕はやっぱりあなたが好きだ・愛している」という未練が元彼にあるなら、誰かの彼女であることに悔しさや葛藤を抱くはずで、一緒にいて楽しい時間〝だけ〟を共有することはできないと思うのです。

つまり、彼氏がいると伝えているのに、わだかまりなく「楽しさ」を味わえる元彼は、美味しいところだけをつまみ食いする「遊び人」と何ら変わりません。もっとはっきり言わせていただくなら、**元彼は「あなたが幸せになるのを邪魔する存在」**です。あなたのような関係性の女性が、他にもいる可能性もあると思います。

恋愛というのは、常に前の恋愛から学び、アップデートして、次は同じ過ちを繰り返さないように行動するもの。あなたは元彼との苦悩があったからこそ、今の彼と出会っているはずです。素敵な今の彼に愛されるあなたは魅力的な人なのであって、「嫌気が差して別れた元彼」に弄ばれるような女性ではないはずですよ。

罪悪感を抱くような後ろめたいことをしていると、やがて愛する人をも疑う心に蝕まれていきます。そうなる前に、素直で誠実な彼にまっすぐ応えられる女性になってください。でなければ、今度はあなたの「真摯に向き合わない」態度に嫌気が差した今の彼から、別れを告げられてしまうかもしれません。

過去の自分を責めても仕方がないこと。大切なのは、自分を責めなくて済む行動を〝今、これから〟することです。今回のことをしっかり学びに変え、もう二度と同じ過ちを繰り返さないと心に決めて、元彼は卒業してください。まだ引き返せる段階で「一喝してください」とご相談くださったのは、まさにナイスタイミング！　愛情をたっぷり注いでくれる今の彼と、そんな彼に見初められたご自分を、もっと大切にしてくださいね。

「過去を責めても仕方ない。
大切なのは、「これから」の行動次第！」

AHN MIKA's Advice

# 責めるばかりではなく提案を。「私が嫌だから、やめてほしい」は、夫婦間ではわがままではない！

今回のお悩み

**「夫と女友達が〝一対一〟でLINEをやりとり。嫉妬する私は心が狭い？」**

夫婦共通の女性の友人がいます。私とは正反対の性格の女性です。主人も彼女も異性関係なく楽しく過ごせるのですが、私は身構えてしまいます。主人と彼女がLINEで直に話してるのが本当に不快で、主人にやめてもらうよう伝えましたが、私のほうがおかしい、更年期のせいだ、と言って聞いてもらえません。私は元々すごく焼きもちやきですし、彼女は会話も楽しく回せる人だし、私とは正反対の人なので、主人もそんな人が好きなのかなと落ち込んでいます。彼女はお店をやっているのですが、主人がそこに一人で行くのも嫌だし、登山が３人の共通の趣味ですが、一緒に登るのも正直嫌でたまりません。私がやめてしまうか悩んでおります。彼と二人の時間をたくさん持ちたい私、皆とワイワイ過ごしたい彼。解決してバランスよく過ごしたいです。（49歳・女性・会社員・長男27歳、長女24歳、次男22歳）

アンミカ'sアドバイス

ご相談いただきありがとうございます。
共通の友人とはいえ、旦那様にとっては異性でもあるわけですから、親密そうなやりとりをしていたら、モヤモヤが募りますよね……。それに「更年期のせい」だと言う旦那様も無神経に感じます。

ここでは女性のご友人を、仮に「Aさん」とさせてください。
旦那様がAさんを「女性として気に入っている」気配を、あなたが感じ取っているのか。またはAさんはお店をしているとのことなので、友人であるはずの旦那様を「お客さん」としても囲い込みたい、その下心が透けて見えるのか……。Aさんに対する嫌悪感、その具体的な背景はわかりませんが、**いずれにせよAさんは「友人の夫」でもある旦那様とのコミュニケーションに、もっと気遣いされるべきだと思いました。**

当人たちに後ろめたいことはなくても、女性は「ちょっとした秘密」だったり「ちっちゃな色気」の匂いに敏感ですよね。要らぬ誤解を招か

「女友達のコミュニケーションに「夫婦関係」への配慮不足を感じます」

ないよう、LINEは三人のグループでやりとりする。お店に来てほしいときはご夫婦でお誘いする。Aさんには、お客様商売のわりにそうした品ある大人の〝夫婦関係への配慮〟が欠けているように感じます。

その一方で、もう一つ思ったことがあります。違っていたら申し訳ありませんが、あなたは大人になってから、異性と友人関係を築く機会があまり多くなかったのではないでしょうか？　その場合、Aさんと旦那様の関係にネガティブな妄想が膨らんでいる可能性もあるのではと思いました。

ご長男は27歳とのことですから、きっと20代前半から旦那様一筋で、お子さん三人の育児と仕事に奮闘してこられたのだと想像します。異性との友人関係の築き方、恋愛感情を持ち込まない割り切り方は、外で仕事をする時間が長かったであろう旦那様の方が、経験値が高く、そのギャップが、今のモヤモヤを生んでいるとも考えられます。

# 「今のご夫婦の絆に自信を持って！」

まず大前提として、今のご夫婦の絆に自信を持ってください！　大変な子育てを経た今でも、やきもちを焼くほど旦那様に恋してる気持ちが伝わってきますし、登山という共通の趣味があることからも、とても仲のよい素敵なご夫婦だと思います。

普段からコミュニケーションが多いようなので、こんな提案をしてみるのもいいのではないでしょうか。

「二人だけのやりとりはやっぱりイヤだから、やりとりを少しずつグループLINEにしていってもらえない？」

「あなたがAさんのお店に行くときは、私も一緒に行きたいな」

Aさんとのコミュニケーションが旦那様の息抜きになっている場合、少し嫌な顔をされるかもしれません。それでも、あなたの辛い気持ちを言葉にしないことには、旦那様には伝わりません。「私が嫌だから、やめてほしい」——そう伝えることは、夫婦間では決してわがままではないと思います。

## 「女友達の「よいところ」を学び、吸収する！のもひとつの方法」

## 「自分を決めつけなければ良い方へ変われます」

そしてもう一つ。Ａさんに対して「自分にはない魅力」があることを自覚されていますよね。ご自身の魅力は大切にしてほしいのですが、正反対のタイプのＡさんと楽しそうにしている旦那様を見るのが悔しいのなら、Ａさんの素敵な会話術や明るさを学んで、それを吸収するのはどうでしょうか？　**「私はこういうタイプだから絶対ムリ！」と決めつけなければ、誰でも、何歳からでも、きっとより良い自分へと変われるはずです。**

やきもちを焼いてしまったら、その悔しさをバネに「旦那様をもっと夢中にさせてやる！」「Ａさんのいいところは全部吸収してやる！」くらいの意気込みを持って過ごすと、Ａさんへの感情も少しずつ変わってくるかもしれませんよ。仲の良いご夫婦がもっともっと仲良しになって、素敵な友人たちにも恵まれるよう、心から応援しています！

AHN MIKA's Advice

# 金銭面を含めて「守ってもらうこと」が、**あなたの結婚の条件**だったのでは？

今回のお悩み

## 「結婚前の彼と『お金』の話をしたら不安に……どう話したらいい？」

付き合って８ヵ月、お互い結婚の意思があり、両親に会う話も進んでいて、結婚後のお金の話をしました。相手からは、「食費はキミ、その他の固定費などは僕が払い、個人で欲しいもの、たとえば洋服や化粧品は各自で払っていこう」と提案。私からもある程度金銭的に支えてもらえないと難しい、という内容でした。相手は本業とは別に投資もしており、中古ですがレクサスに乗り、毎回食事などはご馳走してくれ、お金がないわけではないと思っていました。家計にお金を入れることは納得できますが、それを結婚の条件のように提案されたことにとても驚き、同時に悲しく感じました。私にとって結婚は男性が相手を守っていくという漠然としたイメージがあったため、突き放された感じがしたのです。今後、出産や育児で働けない時期もあると思います。あんなに結婚したかったのに、今ではこの人で本当に大丈夫なのだろうかと不安になってきました。後悔のない選択をして、幸せな人生を歩んでいきたい、お互いの関係が気まずくならないように話を進めたいと思っているのですが、お金についての話はなぜか話しづらく感じます。話の仕方など、よい方法があれば教えていただけたら幸いです。（35歳・女性・会社員）

アンミカ'sアドバイス

ご結婚を考えるパートナーの方との「お金の価値観」に関する悩みについて、打ち明けてくださりありがとうございます。**交際8ヵ月で夢や希望に満ち溢れた結婚前の恋人同士が、現実的なお金の話をするのは辛いかもしれませんが、お二人の幸せな未来のためには必要なこと**だと思います。

ご自身としては、家計分担をまるで「結婚の条件のように提案された」と捉え、傷ついたかもしれませんが、もしかしたら彼もお金のことを話しづらく感じ、淡々と伝えてしまったのかもしれません。でも私は、**結婚前に具体的な家計分担について提案してくれる彼は、誠実で謙虚な男性だと感じましたよ**。ご自身の不安を取り除くカギは、彼からの提案を客観的に見つめ直してみることかもしれません。ここから、私も一緒に考えさせてください。

今の日本では、専業主婦のご家庭よりも、共働きのご家庭の方が多い

「現実的なお金の話は幸せなカップルの未来に必要なこと」

## 「共働きで家計を支えるスタイルは、特別なものではありません」

という現実があります。どちらが良い、悪いといった話ではなく、夫婦で共に家計を支えるスタイルがスタンダードだと思うのです。もちろん、お財布の分け方はご家庭によって異なるでしょう。でも、彼の提案のように「食費」は妻、住居費などの「固定費」は夫、その他の被服費や美容費、娯楽費は各々で負担する分け方は、共働き家庭では決して珍しくありません。私の周囲でもよく聞きますし、実際、私たち夫婦も、似たような家計分担をしています。

我が家の話で恐縮ですが、私の旦那様はプロポーズ後、家計分担のことも早々に考えてくれて、「食費はミカちゃんにお願いするのはどうかな？」と提案してくれました。そう、あなたと全く同じだったんですよ！私は旦那様の持ち家に住まわせてもらうことが決まっていたので、食費の負担は二つ返事で快諾しました。それまでも深いお付き合いをさせていただいた方はいましたが、具体的なお金の話をしてくれたのは旦那様が初めて。家計を一緒に支えていこうと提案してくれた旦那様に、誠実さとフェアなパートナーシップを感じました。

もちろん、分担するのは家計と家事の両方であることが大切。働く女性に家事を押し付け、家計も分担では女性のほうがキャパオーバー。バランスが取れなくなります。

その前提があれば、彼からの「家計分担の提案」については大きく二つ、ポジティブに捉えることができると思います。

一つ目は、負担をお願いされたのが「食費」だということです。例えば、今日はちょっと奮発して旬のフルーツを買おうかなとか、少し高級なハーブを使いたいなと思ったら、自分が握っているお財布の中でやりくりできますよね。私は単純に食べたいものを我慢するのがつらいので、そういった面でも食費担当でよかったと思っています(笑)。冷蔵庫を覗いて、「なんでこんなに高いのを買ったの?」と小言を言われるリスク

「分担するのは
〝家計〟と〝家事〟の両方で」

も減らせますしね！

ちなみに食費は、工夫次第で節約できる支出項目です。彼は「ある程度金銭的に支えてもらえないと難しい」とおっしゃっているものの、家計運営にまつわる支出の中でもっとも負担が少ない部分を、あなたにお願いされたのではないでしょうか。住居費などの固定費は金額も大きく、節約が難しい支出項目ですから、食費の負担だけで済むならとてもよいお話だと思いますよ。

## 「家計分担の提案は、社会性あるパートナーだと認められた証」

そしてもうひとつ。**家計の分担をお願いされるという関係性についても、私はポジティブに捉えています。**それだけ彼から「パートナーとして信頼されている」証だと思うからです。きっと彼は、あなたがお仕事に真面目に取り組んでいらっしゃる姿を、好感を持って見ていたのでしょう。社会性があって自立した素敵な女性だと感じたのではないでしょうか。

交際期間8ヵ月というスピードで彼が結婚の意思を固めたのは、ご自身の魅力と、お二人の相性の良さはもちろん、「この人となら〝一緒に〟家庭を築いていけるだろう」という、あなたへの信頼感も大きかったのではと想像します。そしてパートナーに頼ってもらえるのは、嬉しいことだと思いませんか?

家計分担のポジティブ面に目を向けられれば、きっと彼にお金の話もしやすくなるはず。彼の方が先陣を切って、話しづらいお金の話をしてくれたのです。あなたもこの機会をチャンスだと捉え、色々と聞いてみてはどうでしょうか?

「どんな投資をしていて、損益はどうなの? 詳しくないから教えてほしいな」

「もしもお給料で食費が賄えない時は、サポートしてもらえる?」

「産休・育休で仕事を離れる場合には家計の負担を全てお願いしたい。そのためにも二人で毎月貯金するのはどう?」

などなど……。

「お金の話は
あなたへの信頼の証」

## 「結婚の条件に囚われているのは、あなたの方かもしれません」

結婚前にお金の話をすると、ロマンチックさが損なわれるのでは……と心配かもしれませんね。でも、下手な見栄を張らず嘘をつかず、ご両親に結婚のご挨拶をする前に、きちんと家計への協力を願い出てくれた彼のこと。ロマンチックさを打ち消さない程度に穏やかな口調で話せば、真摯に答えてくださると思いますよ。「この人で本当に大丈夫なのだろうか」というあなたの疑問についても、私は「きっと彼で大丈夫ですよ」とお伝えさせていただきたいです。

レクサスに乗り、投資もしていて、毎回食事をご馳走してくれる彼に、もしかして、白馬の王子様や玉の輿を夢見てはいませんでしたか?「家計にお金を入れること」を結婚の条件のように提案されたことで、一気に現実に引き戻され、今までとのギャップに戸惑われた気持ちもわかります。ですがその一方で、**金銭面を含めて「守ってもらうこと」が、彼への結婚の条件になっていなかったでしょうか。結婚は夢物語ではなく現実です**。王子様に一方的に守ってもらうのでは、パートナーシップは成立しません。お互いに「守り合い、幸せを築き合う」ことで、夫婦関係は成り立つのだと思います。

今一度、胸の内にある〝彼への確かな愛情〟にしっかり目を向けてみてください。そうすることで、ご自身が結婚の条件に囚われていたことに気づくかもしれませんよ。「後悔のない選択をして、幸せな人生を歩んでいきたい」というあなたの願いは、誠実な彼とならきっと叶えられるはずです。幸せな結婚生活を二人で築けることを私も祈っております。

二人の未来の
お金の話は
とっても大切!

chapter 3

Correlation between Work and Money

# アン ミカ流 人生と仕事、自分が輝くバランスの見つけ方♪

AHN MIKA's Advice

# “がむしゃら”ではない、ワークライフバランスの感覚に優れたリーダーは、**職場にマスト**な存在です！

今回のお悩み

**「仕事への情熱が低く、昇進に興味がないことを悩んでいます」**

現在、金融機関に勤めています。働き方は「志を持ってバリバリ」ではなく、なんとなく働き続けている、生活と趣味（旅行やグルメ）にかけるお金に余裕が欲しいという感じです。このような中途半端な気持ちですが、今までは周りの方々に支えられて仕事をこなしてきました。そしてここ３年のうちに、昇進できるかどうかという状況に。昇進するためには、今の業務に加え、改善・改革推進を発案し、評価者へのアピールも必要になります。ですが、これらに対しやる気がなかなか出てきません。それよりも、夫婦二人の生活を円滑に過ごすために、ワークライフバランスや体調を整えて明るい気持ちで毎日過ごしたい、と思う気持ちが大きいです。私が日々心掛けているのは目の前の仕事に誠実に向き合うこと、一緒に仕事をする方々と協力し、会社にプラスアルファがある成果を出そう、ということくらいです。夫は仕事が大好きで、昇進のチャンスを掴みかけているのに、私が努力しないことが腹立たしく信じがたいようです。新しい視点から、人生と仕事を見つめ直したいと思います。よろしくお願いいたします。（49歳・女性・会社員）

アンミカ'sアドバイス

ご自身のモチベーションやワークライフバランスが心配で、昇進を躊躇《ためら》っていらっしゃるようですね。体調にも変化が出てくる年齢だけに、不安になる気持ちもわかります。ですがお悩みを拝見していて、私は「ぜひあなたのような方にこそ、リーダーになっていただきたい！」と心から思いました。

その理由は二つ。

一つめは、あなたがワークライフバランスを上手に取ることができる女性だということ。ご自身では、まさにそこが昇進の懸念事項だとおっしゃっていますが、出世をした人は全員、猛烈な仕事人間にならなければいけないのでしょうか？　決してそんなことはないはずです。働き方改革やダイバーシティが推進される今はむしろ、ワークライフバランスの感覚に優れたリーダーこそ、チームをよりよい方向へと導けるのではないかと思うのです。

部下の方たちが働きすぎていたら、「ちゃんと休めてる？　集中する

「バランス感覚に優れた
あなたこそリーダーに適任」

ことと同じくらい息抜きも大事よ」などと声をかけたり、管理職である自分もワークライフバランスの充実を実践したりする。そんな上司がいたら部下の皆さんは働きやすくなりますし、今の会社でのキャリアアップにも前向きになれるはず。チームも活性化するでしょう。

管理職になれば、ワーク50・ライフ50のバランスを維持することは難しくなるかもしれません。ですが、**役割やポジションが変わることで、仕事が趣味の一部だと思えるほど夢中になれる可能性**もあります。たとえ夢中になれなくても、大きな裁量権を得ることで、あなたも部下もワークライフバランスを取りやすい環境づくりを推進することはできますよね。

女性はただでさえ仕事に家庭に忙しく、キャリアアップに消極的な方も少なくありませんが、バランス感覚に優れたあなただからこそ、**「管理職だって仕事100じゃなくていいのよ」、そんなことを身をもって**

部下たちに教える〝ロールモデル〟的存在になれると思うのです。

あなたにチャンスを摑んでいただきたいと思う二つ目の理由は、あなたの仕事に取り組む姿勢が誠実そのものだからです。

「私が日々心掛けているのは目の前の仕事に誠実に向き合うこと、一緒に仕事をする方々と協力し、会社にプラスアルファがある成果を出そう、ということくらい」とおっしゃっていますが、それこそ誰にでも真似できることではありません。あなたは上司に評価されるべくして評価されたのであり、出世して然るべき方だと思います。

## 「〝情熱型〟ばかりでは、会社は大変なことに!」

仕事人には〝情熱型〟と〝誠実型〟の二つのタイプがあると私は考えていますが、あなたはご自分が考える以上に、努力を厭わず、淡々と仕事に集中できる誠実型だと感じます。あなたが努力しないことを腹立しく思う旦那様は、情熱型なのかもしれませんね。でも、想像してみてください。世の中の上司がみんな情熱型だったら、部下たちは疲れ果てて会社は大変なことになってしまいませんか？

「仕事」とは「事」に「仕える」と書きます。熱量が仕事のすべてではありません。むしろ誠実に事に仕えるあなたは、私には十分すぎるくらい素晴らしい仕事人に見えますよ！　**チャンスは準備が整った人にだけ与えられるものではなく、チャンスを与えられてから準備を進めることもできる**んです。まずはチャンスを摑んでみて、少しずつ覚悟を固めていけばいいのではないでしょうか？

## 管理職として働きやすい環境を交渉するのもあり

40代、50代は心身の変化も起こる年代ですから、体力と時間を仕事に〝奪われている〟と感じてしまうのもわかります。もし体調面に不安があって躊躇しているなら、「仕事はもちろん全うしますが、年齢的に考えて、自分の体調やペースなどと相談しながらになるかもしれません。それでも役職をいただけるならぜひやらせていただきたいです。自己管理も大切な仕事の一つなので」と上司に打診してみてはいかがでしょうか。

昇進したいか・したくないかだけで判断を下すのではなく、昇進したときに自分が働きやすい環境を交渉するのも一つの方法だと思います。

最終的にチャンスを摑む・摑まないを判断するのはご自身です。けれど、この話を断ったら、仕事への情熱は大きくなるどころかますます小さくなり、仕事がつまらなくなってしまう可能性が大きいと感じます。ですから私としては、情熱の灯を大きくするべく、奮闘する道をおすすめします。

仕事の充実はプライベートの充実にもつながります。それに人生って、初めてのことを沢山経験したり、常にちょっとしたプレッシャーがあったりする方が、若々しくイキイキとしていられるものではないでしょうか？

「チャンスを摑んだ方が、
きっとプライベートも充実します」

世間には妻の出世を快く思わない夫もいる中、昇進の背中を押してくれる旦那様は、さながら応援団長のようですね。会社でも家庭でもあなたの実力を認めてくれる人がそばにいるなんて、とても恵まれています。あなたらしいリーダー像を描きながら、差し出された手をぜひ摑んでみてほしいと思っています。私も応援しています！

いろんな価値観の
上司がいると
部下も働きやすい♪

AHN MIKA's Advice

# 自分にとって“厄介な人”は どの職場にも必ずいます

今回のお悩み

## 「50代同僚に転職を促される日々。会社に残る?　それとも転職する?」

現在の職場に在籍して、10年目。コロナ禍で全体の業務量が減り、去年から58歳の同僚女性に「40代のうちに違う仕事を探したら？」と毎日転職を促される日々です。精神的にも辛くなっていたので転職活動を始め、やっと新しい仕事先に採用が決定。勤務先に辞職の意を伝えたところ、引き止められました。転職を毎日のようにすすめられて辛いことも言うと、当事者の女性に注意をするし、辞めるなら彼女のほうだから考え直してほしいと。私は、周りにも恐れられている気の強い彼女の報復が怖くて「注意はやめてほしい」と訴えました。職場から引き止められるのは嬉しいですが、残ったとしても、同じ嫌味を言われ続けるだけ。私が彼女の進退を決めるのもおかしいですし、その同僚に辞めてほしいとも思っていません。みな生活があるのです。断ったら転職先にも迷惑をかけることになり、板挟み状態です。どのように解決したらいいのか教えてください。現在の会社を辞めることは、保留になっています。

（48歳・女性・パート、アルバイト）

アンミカ'sアドバイス

転職するか否か迷われている様子、ひしひしと伝わってきました。同僚の女性にストレスを感じ、転職したくなる気持ちも理解できます……。でも、ちょっと立ち止まって考えてみましょう。

コロナ禍で業務量が減り、「40代のうちに違う仕事を探したら?」と毎日転職を促してくる、58歳の同僚の女性。あなたは明言していませんが、彼女の言動は「親切という皮を被った悪意では?」と感じてしまいます。

人員削減の対象になるとしたら、年齢順でいけば自分だろう。その前に誰かが辞めれば、減った仕事を奪い合わずに済む。**私は、仲間を蹴落としてでも自分の椅子を確保したい、彼女の〝邪《よこしま》な保身〟を感じずにはいられません。**

イヤというほど転職をすすめられ、つらい思いをしても、相手の生活を慮《おもんぱか》る。さらに、自ら椅子を明け渡そうとする……。そんなあなたは、「気

「悪意のある椅子取り合戦で、あなたが譲る必要はない」

が強く、周りにも恐れられている」という〝年上のお姉様〟の性格を差し引いても、少し優しすぎるのではないでしょうか。

## 「会社に必要とされている」ことに誇りを持ちましょう

ここでひとつ、再確認しませんか？　会社にとって必要な人材か、そうでないかは「会社が決める」ものです。この観点は、「私が彼女の進退を決めるのもおかしい」と、ご自身も書いていらっしゃる通りです。つまり、あなたの進退を決めるのも、彼女ではないのです。

私が、「今の会社に残る」方がいいと考える一番の理由は、あなたが「会社に必要とされている」からです。

退職を申し出たあなたを会社は慰留した。ことの発端となった〝年上のお姉様〟には「注意する」と言ってくれた。人員削減を行う企業が相次ぐこのご時世で、会社にここまで求められるのは、ご自身が考える以上に、今のあなたが職場でお役に立ち、綺麗な花を咲かせている証拠です。人は必要とされるところに役割があると思います。とても誇らしいことだと思いませんか?

面談で実情を知った上司が彼女に注意し、それがきっかけで彼女が退職することになっても、あなたに責任は一ミリもありません。犯人探しをされて嫌がらせされるようなことがあれば、すぐに会社の管理部門に訴えるべきです。**会社が彼女を制御できなければ、あなたと同じ目に遭う第二、第三の被害者が出る可能性もあります**。彼女をいつまでも野放し状態にしていては、誰もハッピーになれないと思います。

「残ったとしても、また同じことを言われるだけ」なのが心配だとしたら、どうすればいいか一緒に考えてみましょう。私は、無闇に戦うのではなく、ちょっぴりクギを刺すのが効果的だと思います。例えば、彼女にこんなことを話してはどうでしょうか。

「あなたに助言してもらった通り、この会社を辞めようと思って上司に相談してみたの。そうしたら〝必要な人材だからいてほしい〟と言って

## 「無闇に戦わず ちょっぴりクギを刺す」

# 「〝厄介な人〟に対処する方法はある」

いただいて。私も約10年働いたこの会社がやっぱり好きだから、もう少し頑張ってみます」と。

あなたが「会社から必要とされている人」だとわかれば、彼女は言葉に詰まってしまうはずです。

とはいえ、図太そうな〝年上のお姉様〟のこと。「あの人ったら、慰留されたことを自慢して！　自分以外は誰がクビになってもおかしくない、みたいなこと言うのよ？」なんて、事実を捻じ曲げて吹聴することも考えられそうです……。でも、きっと大丈夫！　「周りにも恐れられている」ということは、あなたの味方が大勢いるということです！

周囲の人たちは彼女の性格をよく知っているのですから、打ち明けられる方に事情を話せば、理解してもらえるはず。「実は私も同じことをされていて……」という同僚が出てくるかもしれませんね。**理不尽な人は甘やかしすぎず、ときにはピリッと小さなクギを刺す。そうして自分の立場を守りながら、堂々とチームプレーをすることが大切**だと思います。

もちろん、採用の返事をいただいた転職先で、新たなスタートを切るという選択もありです。けれど、**人間関係の煩わしさはどんな職場にもついて回るもの**。〝年上のお姉様〟のような厄介な存在が、新たな職場にいないとも限りません。転職先が今の会社のように〝大事な人材〟と思ってくれるかも未知数です。今、幸運にも「必要としてくれる会社」にいるのですから、やはり私は「今の会社に残る」ことが最善ではないかと考えます。

あれこれと口出ししてしまいましたが、ご自身がやりがいを感じ、仕事に集中でき、充実した日々を過ごせる！　と感じる職場なら、どちらを選ばれても正しいと思います。私も全力で応援していますからね！

「職場では自分を
守りながらチームプレーを！」

AHN MIKA's Advice

# 人生には**いろんなフェーズ**あり。インプットの時間を楽しんでみては?

今回のお悩み

**「出産後、キャリアを積む友人と比べて劣等感……」**

31歳専業主婦です。看護師を辞め、5年が経ちます。周りにいる看護師仲間で退職した人はほとんどおらず、産休を取って仕事復帰し、どんどんキャリアアップしています。友だちの話を聞くたびに劣等感を感じています。子育てを優先し、夫を支えたい思いもあるので、現時点では仕事復帰は考えておりません。しかし、看護師のキャリアは浅い上に、その他に得意とするものもありません。親として恥ずかしくなりました。そこで今の自分にできることを考え、英語の勉強を始めました。続いて、教養を身につけることにしたのですが教養は必要だと思うものの、フルタイムで働く予定もないので、様々な分野の本を読んでも何の役に立つのか分からず、一歩を踏み出せません。教養とはどんな時に役立つのでしょうか。(31歳・女性・専業主婦・長女4歳、次女2歳)

アンミカ'sアドバイス

ご相談ありがとうございます。あなたは謙虚で、意識が高い方だと感じました。看護師さんは、大切な命を救う医療を支える素晴らしいお仕事。その資格を持っているだけで、私なら誇りです！

今は子育て優先とのこと。命を育むという大切な子育てと家事全般は、終わりがない分、仕事と比較できない程の命を使う行いだと思っています。**人間は、だれかの愛情がないと育たない存在。**たとえ実の親と縁がなくても、だれかがお世話をしてくれたから、だれかから愛をもらったから生きているのが人間です。

命を育み、お世話をする仕事が家でもできて、社会に出てもだれかの命を救う手助けができる看護師さんを、私は心から尊敬しています！ほかに得意とするものもないと書かれていますが、とんでもない！看護師さんを志す優しい心、そして実際に看護師になられたことが、尊敬です！　さらにあなたは英語にも興味があり、子育てで多忙な中、すでに勉強を始める実行力もある！　そんなに**いろいろ興味があって行動もできているのに、焦ってしまうのは、アウトプットを意識しすぎている**

「今はアウトプットを
意識しすぎないこと」

からかもしれません。何かを成さねば……と、人と比較して焦るのではなく、今はインプットを楽しまれてはいかがでしょうか？

# 「教養を持つと思いやりが生まれます」

「教養とはどんな時に役立つのでしょうか」というご質問ですが、まず教養があるということは、世の中にはさまざまな人と世界観があることを知るに至るので、視野が広がり、幅広く物事を捉えられるようになり、他者への配慮や思いやりも生まれます。結果、間違えて相手を傷つける機会も少なくなり、円満な人間関係を築きやすくなることから、〝教養は身を助ける〟ことにつながります。

どんな時に役に立つか、すぐには思い当たらなくても、その学びで、結果、**人間性を高められる**と思うのです。

教養は、創造力や変化に対応する力になり、人生が豊かになることにつながります。お子さんへの手本として、学ぶ姿を見せることも、よい影響があるのではないでしょうか？　だから、**焦ってアウトプットの答えを意識しすぎずに、今のインプットを楽しんでは**いかがでしょうか？

現在はお子さんを立派に育てられながら、英語の勉強にも取り組んでいるあなたは、その上、看護師の資格も持っている！　将来は仕事に復帰したいと思えばできる！　最高じゃないですか！

未来を憂うことで自信をなくしたり、周りと比較して社会性がないのではと思い込んだりしてしまうかもしれませんが、人と比べなくていい。人それぞれの人生に、人それぞれの楽しみ方があります。比較するなら私だってあなたが羨ましい！　街中で倒れた人を助ける知識があり、困った人のお役に立てる。さらに将来、英語をマスターすれば、外国から来た体調が悪い方の力になれるかもしれない。それって、なかなかできないことですよね！

教養とは、深まるごとに自分がだれかのお役に立てるという自信にも繫がるものなのだと思います。今だけを見て他人と比較しなくてもいいのです。自信を持ってください！　私から見たらあなたは最高！

## 「〝今〟だけを見て他人と自分を比較しないで」

AHN MIKA's Advice

# 「得意なこと」は周りから褒められ、感謝され、自信につながり、循環していきますよ

今回のお悩み

## 「仕事にしたい好きなことが見つかりません」

会社員ですが「時間に縛られないで仕事ができたらいいのにな」と感じます。手に職はありますが、私の職種は時間や締め切りに追われ続ける仕事。好きなことを仕事にしたつもりですが、もう少しのんびり仕事したいな、とぜいたくなことを考えています。ほかの仕事……と考えたときに、「好きを仕事に」すると新しいことも学びやすいと聞きました。しかし、仕事にできそうな好きなことってなかなか見つかりません。というか「『私の好き』って何？」という疑問まで浮かんできます。「自分の好きなこと・夢中になれること」を見つけたい。いろんなことにトライしてはいますが、続けたいと思うような趣味には出会えておりません。何か間違っているのかな？　方法が違うのかな？　と悩みます。（46歳・女性・専門職）

アンミカ'sアドバイス

お洋服でも自分が「好きなもの」と「似合うもの」が違うことってありませんか？　それと同じように、仕事でも「できること」と「好きなこと」が違うことがあると思います。

『ピーター・パン』の作者。イギリスの劇作家ジェームス・マシュー・バリーが「幸福の秘訣は、自分がやりたいことをするのではなく、自分がやるべきことを好きになることだ」と言っていて、私もとても大事にしている言葉です。

その上で、自分が向いていることを探すいい方法が、子どもの頃に人から褒められたものに立ち返るということ。人にはやっぱりそれぞれ才能があり、それは同じ親から生まれた兄弟であっても違うものです。

思い出してください。子どもの頃、親や友達から褒められたこと。頼りにされたこと。クラスで担当させられたこと……。

「ノートがすごくきれいにまとまってるね」

「できる仕事と
好きな仕事は違う。だから……」

# 「まずはリスクをとってでも時間の枠組みの見直しを」

「絵がとっても上手だね」

人は周囲から褒められると、それが自信になりますよね。嫌いだったことも「あなたがやるとステキ！」と言われたら好きになってしまいませんか？　これってとても合理的で建設的。社会は効率的に動いているので、適材適所で仕事をするのが早い。そこで能力を発揮すれば、評価されて収入にもつながり、職場の居心地もよくなっていくと思います。

だからまずは、**自分が動いたことで喜んでもらえた経験に立ち返って、それを書き出してみてください**。そうすると「私はこれをしているときが心地いいんだ」「これが周りに求められていることなんだ」というものが見えてくると思いますよ。

ところで、ご自身は専門職で手に職があり、そして「好きなことを仕事にしたつもり」と書かれていますが、**もしかしてあなたのお悩みって、「好きが見つからないこと」じゃなくて「時間に縛られていること」なのでは**ないでしょうか？　ストレスの根本はそこにあると思うのですが、どうでしょう？

そこで、提案です。締め切りに追われるのが辛いのであれば、収入が下がるリスクをとってでも、仕事のペースを自分で調整してはいかがでしょうか。好きだった仕事のはずなのに条件面で嫌いになってしまうことってあると思うのです。時間に追われているストレスのために、まず時間の枠組みを見直してみる。少し離れてみたら「やっぱりこの仕事好きだった」と思うことはよくあります。特に責任職や専門職の方は仕事しか見えなくなっていることがあるので、決意して離れてみると、仕事への見方が変わるかもしれません。

でもやっぱり、ほかに何か新しいことを見つけたい！　と思うなら、仕事のペースを落として、何か習い事を始めてみてはどうでしょうか。新しい場所で新しい友達も見つけて「楽しい」「向いている」と思ったらそれを仕事にできないか考えてみてもいいかもしれません。今は複数の仕事を持つ人も多い時代です。楽しみを生活の中に増やすと、感じ方が変わるかもしれませんよ。

「仕事は内容も
条件もどちらも大事」

AHN MIKA's Advice

# 会社組織で出世するには、**敬い合う【信頼】と一丸となる【和】**が必要かもしれません

今回のお悩み

## 「実力がない同僚や後輩が先に出世。なんとか見返したい！」

会社で同僚や、年下の後輩がどんどん出世していきます。私はずうっと平社員です。能力も実力も私の方が上だと思うのに、どんどん抜かされていきます。一番腹立たしいのは、その人たちに肩書がついていて、年収が私とは相当違うことです。私が正直すぎること、上司を尊敬できず、その態度が正直に出てしまうことも原因かもしれません。自分に肩書をつけて見返したいです。（48歳・女性・サービス業）

アンミカ'sアドバイス

どんどん年下の人が出世していく中で、焦りや悔しさを持ちながら仕事をすることは、気持ち的に大変だったと想像します。

その状況から抜け出し、あなたが咲きたい場所で咲くことができるために、あえて厳しい質問です。ご自身がおっしゃっている「能力」や「実力」というのは何を指しているのでしょう? 与えられた仕事を早く終わらせること、それとも仕事の正確さ、こなしている量でしょうか。

おそらくですが、お勤めの会社の中で出世している人たちというのは、「人を束ねることができる」とか「ゆっくり人の話が聞ける」とか「みんなで何かを推し進められるように尽力する」ことなどで出世しているのではないかと想像します。そうすると、**自己評価が高いと思っているポイントは、出世においてのプライオリティが高い特性ではないかもしれません。**

「出世に必要な"実力"とはなんでしょう?」

## 「チームのために和を保つことも必要」

会社という組織の中で上に立って誰かを導くためには、お互いに認め合い、**敬い合うことから生まれる【信頼】と、何かを推し進める時には目的に向かって一丸となるために【和】が必要**になります。

出世するにはその信頼が基本にあり、人を束ねるためにはある程度の器が必要になります。あなたがおっしゃる**「正直すぎる」というのは、「我慢ができない」ということと表裏一体**です。仕事をする上では、言うべきことは、はっきりしかるべき場所で発言をして、言わなくていいことは言わないという、我慢やバランスというものも大切です。大きな組織ならなおさらでしょう。その器が備わっているかどうかも出世には影響しますし、出世すると責任が増えるのでお金も多くいただけるようになるのではないでしょうか。

特に、サービス業という、誰かに喜んでいただくためのお仕事における出世は、やはり〝人の器〟というところが大きいと思います。確かな実力を持っていたとしても、上司を尊敬できずに歯向かい、歯に衣着せぬことを言ってしまうようでは、和が保てずチームがバラバラになってしまって力が発揮できないので、出世が難しいのは当たり前ですよね。あなたを引き立ててくれる役割を担う人は、ほかでもないその上司なのですから。

ただ、私は出世のために上司に媚《こび》を売りなさいと言っているわけではありません。これからあなたにチャレンジしていただきたいことを具体的にお話しします。

「肩書をつけて見返したい」という気持ち、それを原動力にするのはよいことだと思うのですが、正直すぎる性格だと、それも態度に出てしまっているような気がしますが、どうでしょうか?

出世している人には出世している理由があります。まずは**謙虚な気持ちで、出世している方々を見つめてみましょう。その方々から学ぶ姿勢**

## 「人に向けた指をまず自分に向けて、まわりを見つめる」

を持つのです。**人を差す指を自分に向けて、出世している人には何があって、自分には何が足りないかを考えてみるのです。**とても悔しく辛い作業でしょうが、そこを見つめ直さない限り、成長の殻を破ることができません。

〝思ったことがそのまま態度に出てしまう〟という、自分の子供っぽさを認め、〝周りと呼吸を合わせて生きることも実力のうち〟であることを受け入れましょう。

次に、具体的にやっていただきたいことは、「ネガ↓ポジ変換」です。

今は悔しさが先に立って「見返すぞ！」という気持ちになってしまい、相手の持つ認めた方がよい所が、すべて悪い部分に見えてしまっている気がします。その気持ちは言動にも必ずにじみでて相手に伝わってしまいます。

そこを全てポジティブな言葉に変換していってみてください。例えば「おべっか使ってうまくやってる」↓「自分の腹心をぐっとこらえて、相手に伝わるようにうまく話していてすごい！」や、「仕事ができないのにみんなの中心にいる」→「人に好かれる人には、自然と人が集まるんだな」など。

そうして周りの人のいい所、学べる所を見直し、どういう所で人が引き立ててもらっているかを観察するのです。おそらく、欲しがりすぎず、謙虚に周りのために身を粉にしている人や、人が嫌がることを率先してやっているような人は、自然と引き立てられているのではないでしょうか？

しっかりと周りを見て、心を立て替え、出世している人から学んでください。そして来年には器を備え、出世していただきたいと願っています。いいご報告をお待ちしていますよ！

AHN MIKA's Advice

# 新人には最初は
# やってほしいことをすべて伝えて。
# 世代間の違いを認識し、
# 経営者としてのステージアップを

今回のお悩み

## 「熱意が見えない20代スタッフの教育、どうしたら?」

エステの仕事に就いて30年、お店を経営して17年になります。これまで何名ものスタッフとともに働きましたが、20代の新人スタッフ３名の教育に悩んでいます。「お金を稼ぎたい」「自分のお客さんを増やしたい」といった欲が見えず熱意も感じられません。売り上げがなくても平気な顔（仕事は報酬制なので、働かなければ稼げない……のにです)。「接客のためのロープレをしますよ」と10日前に告知をしておいても、当日「何を勉強してきた？」「どういうことを話そうと思ってきた？」と聞いても黙っています。入社したときには「エステをしたくて」と語っていたのに。どうなりたいのか分かりません。指示をしないと、ずっと机でエステのオンライン講習を見て勉強していますが、「今日はどんなことを覚えた？」と聞いても、答えられません。どうやって育てたらいいか社員に相談すると「細かく指示を出すしかない」とのこと。加えて、今は「あれやって」などと指示するとパワハラになる可能性もあるので「あれやってもらえますか？」と言わないといけないなどと聞いて、びっくりしてしまいました。20代の若者はみんながこうだとは思いませんし、うちのスタッフもできない子ではないように思うのです。その上で、若手スタッフが、もう少し気働きができるようになるためには、どのように育てていったらいいのでしょうか？　自発的に先のことを考えて動ける人材になってほしいと思うのです。（58歳・女性・経営者）

アンミカ'sアドバイス

このお悩みは、私のまわりの50代の友人からも最近よく聞きますし、私自身も感じているところがあります。

20代の子がみんなそうだとは思わないというのは私も同感で、「個人の熱意の差」によるものも大きいと思うのですが、やはり**年代によっておかれた環境や教育の差もある**と思います。

私たちアナログ世代は人に聞いたり本で調べたり経験してみないと情報がなかった世代ですが、今の20代は物心ついた頃から携帯があり、画面を開けばそこで何でも教えてもらえる世代。新人の彼女たちはもしかすると、事前に勉強してくるものではなく、当日教えてもらえるものだと思って来ているのかもしれませんね。

なので、ロープレを行う場合でも、

「どういうことを話そうと思ってきた？」と聞いても、

「え、教えてくれるんじゃないの？　予習までしないといけないの？」

という感覚になってしまっているのかも知れません。

**仕事とは、「事に仕える」**と書くように、**「この物事に仕えるのだ」**と

「若者と自分たち世代のバックボーンの違いを理解する」

いう精神がとても大切だと思います。その思いがあれば、目標と向上心が生まれ「何か仕事はありませんか?」と、自主的に聞く姿勢も自然と出てくるはず。

あなた自身は、エステを通して「人を美しくするお手伝いがしたい」、「人の喜ぶ顔が見たい」などの目標があると思うのですが、そのスタッフの方たちは成功体験が少なく、まだ目標をどう設定したらいいのかわからないのかもしれません。

ただ、「細かく指示を出すしかない」と言われても難しいところで、これも全部「言われたからやりました」になってしまう……。こういった気持ちの部分は、手取り足取り教えるものではないので本当に悩ましいですよね。吸収したい気持ちは内から湧き上がるものですから。

# 「熱意を教えるのは難しいこと」

私たちも若い時は目上の人に新人類と呼ばれ、きっと同じように教育に悩んだ先輩方もいたことでしょう。

私たちは、時代やコンプライアンスの変化の過渡期に、今まさに立ち会っています。「○○やっていただけますか」と後輩に敬語で聞くことも然り、オンライン講習の予定を組む際には「いくつかの質問をしますので、答えられるように考えてきてください」と伝えることも然り。

自分たちの時代に比べたら、ここまでやらないといけないのかと思うかもしれませんが、時代の流れとともに私たちもアップデートしていかなければなりません。

そんな中でまず実践してみてほしいのがこちらです。

一人ずつ面談をして、ご自身が思う「エステティシャンとしての喜び」や「エステの役割」など根本的なことを話し、「日々あなたのことを見てきたけれど、もっとお客さんに喜んでもらうにはこういうことが必要だと思うからここを学んでほしい」と、具体的に愛情を持って伝えるということです。

面談の前には、スタッフのいいところ・至らないなと思うところを書き留めておいて、面談のときは一人一人にフィードバックできるように

「普段の働きをフィードバックし、
問題点の修正を提案して」

準備をしておく。「そんなところまで見てくれていたんだ」と熱意のスイッチが入るスタッフもいるのではないでしょうか？

こういった面談を、まだ実践されていないようでしたら、ぜひ一度トライしてみてください。本人に伝わることが大切なので、あえてオブラートに包まず、スタッフに愛情を持っていること、期待をしていることをぜひ伝えてみてください。

現在は選択肢がたくさんある世の中なので、仕事後の趣味やプライベートの時間に熱を向ける人も多く、仕事へのモチベーションのベクトルが、以前とは違うのかもしれませんが、若者のバックボーンを想像しつつ、「私から見てあなたの長所はここだから、ここを伸ばしていきましょう。そのためには、こんな勉強がプラスになると思いますよ」と、最初はすべて伝えること。しばらく様子を見て、それでもできなかったら、もう一度同じ提案と共に、できなかった原因や気づいたこと、修正プランの提案をしてみたらいかがでしょうか？

エステティシャンとして「お客様に喜んでいただく」ことで、自分自身にも自信が付き、それが仕事をすることの喜びとなる。そういった循環がやがて仕事に対する熱意として働く人へ変化をもたらす可能性があることを、あなた自身の経験をもとに、熱意を持って伝えてみて頂きたいのです。

その後も改善の兆しが見えない場合は、いよいよ進退について話し合う機会を持ち、あなたの経営方針と方向性が違うことをきちんと伝えて、次のステージへ促す事も愛情なのかもしれません。

たとえそれが厳しい判断と捉えられたとしても、あなたの信念を貫くことは、やがて経営者としてのステップアップに繋がります。

スタッフの方に熱意が伝播するといいですね。うれしい報告をお待ちしています。

## 「仕事の厳しさを伝えることも愛情の一つ」

chapter 4

Good Distance from Your Family

# アンミカ流 私の幸せ、そして家族の幸せを両立させる♪

AHN MIKA's Advice

# 親の支配を断ち切るためには「一戦」も必要。お母さんの**呪縛というフィルター**が**なくなった未来**は明るい!

今回のお悩み

## 「大人になっても自信を奪う〝母親の呪縛〟。明るく素敵な人間になりたい」

物心ついた頃から、母親から常に見下され、自信を喪失させる言い方をされ傷ついてきました。そのせいか現在も「私にはどうせ無理、何をやっても続かない」と心のどこかで思ってしまいます。父親は救ってくれる存在でしたが、やはり母親の存在は大きく、今の人格形成に大きく関わっていると思います。勤務先でも自信が持てず、2年後には結婚して専業主婦となり、結婚に逃げてしまった気がしています。私ってダメだな……と鬱々としてしまう時間が増えています。学生の頃から、どうにか変わろうと本を読み、色々な考えに触れて取り入れようとしてきました。ただ、大人になってからも、母親から気持ちを折られることが何度もあります。距離を取りたいものの、祖母になついている子どもたちがかわいそうだし、母親にも申し訳なく、距離を取ることができません。自分が強くあればいいのですが、人に言われたことをすぐに真に受けて、苦しくなります。自信を持ち明るくなりたい。素敵な母、妻でいたいです。(34歳・女性・専業主婦・9歳の長男をはじめ4人の子どもあり)

アンミカ'sアドバイス

「何をやっても続かない」とのお悩みですが、根底にはやはり「お母様の影響」が大きいのではと感じました。失敗を恐れず好奇心に素直に経験することが大切な子どもの挑戦を、励まし見守るべき母親が、あなたの自信を削ぎ続けてきたことは問題で、あなたの立ち回り方や考え方のせいでは絶対にない。ということを、まずはお伝えしたいと思います。

人間は「ワクワクと幸せ」を感じて生きる権利を持っていて、たとえ親でもそれを邪魔する権利はないからです。

それに、社会人経験は短いとしても、4人のお子さんを立派に育てていらっしゃるあなたは、間違いなく「物事を根気強く続けることができる人」です。学業や仕事を継続することだけが特段に偉いわけではないのです。私は育児という重責を全うし続けるあなたを、心から尊敬します。

さらに、学生の頃から変わろうとして本を読んで努力したり、何度も

## 「挑戦する意欲を奪う権利」は親にだってない

奮起したとのこと。現状打破しようとあがくエネルギーを持った自分に、どうか誇りを持ってください。続けることが全てではないですし、始めてみてこれはちょっと違うな、しんどいなと感じたら、方向転換するのはごくごく当たり前のことなのですから。

# 「心の支配を断ち切るため「一戦」も辞さない構えを」

「私にはどうせ続かない」という呪縛を解くには、「これ以上、やる気を削ぐようなことは言わないで！」とはっきりお母様に伝えることだと思います。私の友人にも、とても**魅力的なのに自信がない女性がいて、詳しく話を聞くと「〝あなたは何をしてもダメね！〟と母親から言われ続けてきた」という人が少なくありません。**

母親の言動が意図的なのか、無意識なのかはわかりませんが、結果として、子どもの自信を奪い、自分がいないとダメだと思わせるのは、親の愛情ではなく、自分の誤った自尊心を守るための〝子どもへの依存〟と言えるかもしれません。

お母様との関係性を放置すれば、この先もいろんな形で心の不安定さに影響してくると思います。あなたが割り切り成長したくても、あなた自身も母親のせいにしてしまう心癖がついてしまい、お互いによくない影響を与えてしまう可能性もあります。お母様も年齢を重ねて様々な不安が大きくなれば、今よりもエスカレートする可能性もゼロではないでしょう。あなたは34歳になっても、これほど悩んでいらっしゃるのです。そろそろ前に進むために、お母様と真剣に向き合う時期に来ているのではないでしょうか。

これまでずっと辛い思いをしてきた。もう心を折るようなことは言わないでほしい。お母様に、率直な気持ちを伝えてみてください。もしかすると、お母様も口癖のようになっていただけで、「そんなに傷つけてきたのか」と反省してくれるかもしれません。逆に、娘が離れていくのが耐えられず、ひどい言葉を言われるかもしれません。でも、あなただ

「気持ちを打ち明けることは、お子さんたちのためでもある」

## 「子どもたちのためにも目の前で戦ったって構わない」

って冷静でいる必要はなく、泣いたって喚いたっていいのです。すぐには変わらなくても、お母様への本音はボディブローのようにきいてくると思います。

お母様にこれまでの気持ちを打ち明けることは、お子さんたちのためでもあります。お子さんたちの前で、お母様があなたを否定すれば、子どもたちも「お母さんって何やってもダメなんだ」といった目であなたを見るようになるかもしれません。今は実害がなくても、お母様があなたにしたのと同じ仕打ちを孫たちにしないとも限りません。健全な自信を持つことを伝えるべき母としては、そんな状況は辛すぎます。

膝を突き合わせて話し合うでも、チクリと言われた時に〝ちょっと待って〟と制止するでもいいと思います。お子さんたちの前だって構いません。子どもの母であるあなたが「ネガティブな決めつけは不愉快だからやめて！」と正面から戦う姿勢は、人を傷つけること・自分を守ることとは何かをお子さんに教えることにもなるはずです。

先ほども言いましたが、そもそもあなたは育児において素晴らしい継続力をお持ちです。ですから、**自信を持った明るく素敵な母・妻の姿は、あなたからかけはなれた理想像ではなく、手を伸ばせばすぐそこにある、あなたの本当の姿なのでは**と感じるのです。

お母様への反論は、これまで否定されてきたあなたにとって恐怖かもしれませんが、もしお母様がいなくなってしまったら、ずっと胸の内に抱えてきたわだかまりを解消する機会さえ失われてしまいます。**嫌なものは嫌と言う勇気と覚悟を持ち、お母様と向き合ってみて**ください。

そして、そう言えた自分に自信を持ち、そこからは何を言われても〝はいはい〟と受け流し、自分の力を信じて前に進んでいくあなたに生まれ変わってください。**お母様の呪縛というフィルターがなくなった、未来の視界は明るいはずです**。

〝大丈夫、あなたならできる！〟私はそう信じています。

「自分の力を信じて
前へ進んでいくあなたに」

AHN MIKA's Advice

# 自分の子どもの選択、生き抜く力を信じるのも親に必要な力です

今回のお悩み

## 「大学受験につまずき、通信制の大学も辞めたいという息子。親としてどうすれば？」

長男について悩んでいます。大学受験で失敗し、再チャレンジのため、志望大学のある東京で浪人生活を開始。当時、長女も都内の大学に通っていたので姉弟での共同生活でしたが、長男は体調を崩して受験は失敗。家族会議を繰り返し、見つけたのがとある大学の通信教育部でした。論文も通り、無事学業がスタートしましたが正月休み明けに、「通信をやめようかと思っている」とLINEが。本人曰く、卒業まで５年もかかると考えると、その間に働いて稼いだ方がいいかもと。学業を続けても、就職できるかわからないし、できたとしても婚期が遅れて、結婚できないままでは親に孫の顔も見せてあげられないと言います。今まで、成功体験・達成感を経験せずに成長したからなのかもしれません。私の育て方がいけなかったのかも……。以前、夫に相談した時に、「おまえが東京に行かしたんやろ」と言われて負い目に感じ、結果、一人で抱え込んでいます。夫は「仕送りはもう止める」と言いますが、私は、息子に通信を続けて自信を持ち、社会生活へのスタートを切ってほしいです。

（52歳・女性・専業主婦・長女24歳、長男22歳）

アンミカ'sアドバイス

息子さんのことをご相談くださり、ありがとうございます。やっと入学した通信制の大学を辞めたいとおっしゃっている息子さんのことが心配だということ。

学業を貫かず目標も夢も見えない中、何かを途中で投げ出すように感じ、より心配で仕方ない状況とお察しします……。しかし、厳しいことを言うようですが、**息子さんのことを、もう少し大人扱いしてあげてもよいのでは？　と感じました。**

受験や環境の壁に苦悩する息子さんを見てきたご自身としては、今も胸が張り裂けそうな状況かもしれません。とはいえ、息子さんはもう22歳。立派な大人です。そろそろ子どもの人生を、本人の意思で歩ませてあげるべきではないかとも思うのです。

詳しい状況は分かりかねますが、東京で浪人生活をすることも、東京での生活を続けながら通信制の大学の勉強をすることも、全て息子さん

## 「22歳は「大人」として扱うべき年齢です」

「〝無事に〞という思いは、誰のためのもの？」

の意思だったのでしょうか。地元でも予備校に通えたはずですし、通信制大学ならご実家でも勉強できたはず。話を蒸し返すようで申し訳ありませんが、旦那様が言った「おまえが東京に行かしたんやろ」という言葉がどうしても引っかかりました。東京の予備校に通うことも、東京で通信制大学の勉強を続けることも、息子さんより、もしかしてご自身の意向の方が大きかったのかな？　と想像してしまったのです。

人生の分岐点や選択肢は、「大学に無事に入学する」「大学を無事に卒業する」以外にもたくさんありますよね。親としては、子どもが何事もなく〝無事に〞どちらも実現してくれれば、安心はするかもしれません。ですが、親の考える〝無事〞が、子どもにとっては〝無事ではない〞ことだって、当然ながらあり得ます。お悩みを拝見していると、あなたと息子さんの間にはまさに、そんなギャップが生じているように感じました。

息子さんの現状に対して、「成功体験・達成感を経験せずに成長したからかも」と分析されていますが、成功体験や達成感は〝いい成績を取ること〟や、〝大学への入学・卒業〟だけで測れるものではありません。中学や高校で頑張った部活かもしれないし、友だちの相談に乗って悩みを解決してあげたことかもしれない。母親からは見えづらいだけで、息子さんはきっと小さな成功体験と達成感を自分なりに積み重ねていると思います。ご自身の成功体験・達成感の基準を息子さんに押し付けていないか、少し考えてみませんか？

息子さんが経験したであろう過去の成功体験や達成感をコミュニケーションから理解し、「一人の大人として尊重し、見守ってあげること」も、息子さんの未来を明るく照らすことになるのではないでしょうか。

今回、息子さんは通信制の大学を辞めて働きたいとおっしゃった。理由は「学業を続けても、この先、明るい未来につながる根拠がない」か

## 「明確な意思表示そのものが、成長の証」

ら。それに、孫を見せたいという親への愛も感じます。これは息子さんの明確な意思表示と取れると思います。家族会議で話し合いをしないと進路を決められなかった過去の息子さんと比べたら、「やめようかと思っている」とはっきり言えたこと自体、成長の証ではないですか？　もちろん、選択する道は順風満帆ではないかもしれません。親としては心配で仕方ない状況に陥ることもあるでしょう。ですが、すぐに手助けせずに遠くから見守ることも、親の愛情だと思います。

22歳の大人が自分で決めたこと。**その選択が成功しようが、失敗しようが、それは本人の責任です**。親として伝えるべきは「社会人生活で不利にならないよう大学だけは卒業しなさい」ではなく、**「どんな選択をしてもいいけれど、その選択には大人として責任を持ちなさい」**という教えではないでしょうか。

子どもに**後悔のない人生を歩ませることは、親にはできません。それ**

と同様に、学歴が後悔のない人生を歩ませてくれるわけでもありません。母親から見て、自信がなくて一歩が踏み出せないと思っていた息子さんが、今まさに勇気を出して人生の一歩を踏み出そうとしているのです。その決意を信じて、「自分の選択に責任を持つのよ」という言葉に代えてあげてはいかがでしょうか？

もし、息子さんが熟考の末に「通信の大学を続ける」という選択をしたとしても、旦那様がおっしゃるように仕送りは止めていいと思います。通信制の大学は自分の仕事のレベルアップを図るために、働きながら学んでいる方も多くいらっしゃるところ。息子さんも22歳なのですから、ご自分の力でなんとかできるはずです。

息子さんの弱さを憂うのではなく、息子さんの強さを信じる気持ちを積み重ねていくこと。それこそが、ご自身の望む未来につながる道ではないかと思います。

「自分の子どもの、
生き抜く力を信じて」

息子さんの成長ぶりに顔をほころばせて「あの時、彼の意思を尊重して選択の責任を伝えてよかった」と思える日がくることを、心から願っています。

AHN MIKA's Advice

# "娘だから、お母さんの責任は絶対負わないといけない"とは決して思わないで

今回のお悩み

## 「一日に何十回も電話してきて依存する母」

母は、私が物心ついた頃から、父からそれはひどいDVを受けていました。時には骨折するほどのレベルです。私が成人した時に、なんとか両親を離婚させましたが、歳を重ね、寂しさが増してきた母は、私へ依存するように。一日に何十回もの電話、突然の訪問。母は50代に入って度重なる病で入退院を繰り返して働けなくなり、その間に鬱に。電話で「死にたい」と繰り返すので、私は、「娘に死にたいなどと言ったらダメ！」と言いました。母とうまくいかなくなったのは14年前くらい。最初は「あれが食べたい」「ここへ行きたい」「これが欲しい」と言う母へ、親孝行のつもりで接していました。が、何度も死にたいと言ってくる母に我慢できず「死にたいなら勝手に死ねば？」と言ってしまいました。母は大量の睡眠薬を飲んで病院に運ばれ、それ以降私は母と距離を置くように……。現在、私は３度目の結婚で地元を離れていますが、また電話の嵐。寂しい、会いたい、死にたい……。私は今度こそ自分の幸せを摑みたくて、今は時々電話で話す程度を保っています。母が一人で寂しいのは分かります。でも、私は母に会いたいと思えません。ひどい娘だと思いますが、今後、母に介護が必要になったら？　と考えると気持ちが滅入ります。兄がいますが、母とは疎遠です。私も兄と疎遠です。私の家族はみんなバラバラなのです。（45歳・女性）

アンミカ'sアドバイス

本当に、大変でしたね。両親を離婚させるのには、相当なエネルギーを使ったでしょう。お母さんの辛い姿を見てきて、第二の人生を楽しく送ってほしいという親孝行の気持ちで接していたところ、「ＮＯ！」と言うことに罪悪感を持つほど依存されてしまい、許容量がいっぱいになってしまっていると察します。

私は早くに両親を亡くしているので、歳を重ねてからの親との向き合い方が正直分からないところがありますが、分からないなりにお答えさせてください。

あなたはひどくありません。

ほかのお悩みも寄せてくださっていて、ご自身も20代の頃からパニック障害を患っていること、そして最近また倦怠感や睡眠障害に悩まれていると書かれていました。

**受ける器がないのに無理して受けようとすると、共倒れしてしまいま**

## 「あなたは ひどくありません」

# 「お母さんの第二の人生を開くコミュニティ探しを手伝って」

す。今は、自分の人生に責任を持つことで手いっぱいのはずです。

今から私が言うことはすごく冷たいことのように聞こえるかもしれませんが、〝娘だからといってお母さんの責任は絶対に負わないといけない〟とは決して思わないでください。

お母さんが寂しいと言って薬を飲んで病院に運ばれたとしても、それはお母さんの選択の結果でお母さんの人生です。あなたのせいではないのです。お母さんのことを一生悔いるような結果になったとしても、あなたはできることをして、自分の幸せを守ったのです。

お母さんがＤＶを受けてきたのは本当に辛かったでしょうし、そんな中でご兄妹をしっかり育ててこられたのは立派なことだと思います。だからといって、子どもに寄りかかって子どもの人生を壊していいわけがありません。お母さんも独り立ちする努力をしなければなりません。

お母さんは人間関係が不器用な上に、長く続いた暴力によって人が怖くなっているのかもしれません。だから信頼できる娘一人に、重く強く依存してしまう……。しかし、これだけ長く続くと、あなた一人で背負える問題ではありません。

一度「DV被害者のサポートコミュニティ」や「鬱症状のある方が集まるコミュニティ」などに連れていってみるのはどうでしょうか？　そこで同じ経験をした人達と痛みを分かち合いながら、あなた以外の人と接することで、話し相手や友人が見つかるかもしれないからです。

あなたは半年〜一年に一回など、自分が無理をしないで会えるペースを決めて、そこだけはちゃんと話を聞いてあげる時間をつくる。お兄さんとは疎遠とのことですが、できればお兄さんにも協力してもらって、兄妹で少しずつ分担しながらお母さんの自立を促していけたらいいですね。

現代は長寿社会なので、お母さんのように離婚して一人で生活する女性もたくさんいます。ＳＮＳなどを駆使して、良いコミュニティを探し

「娘以外の話し相手や友人を見つける機会を」

て、お母さんを託せる場所を見つけてみてください。そこでおしゃべりをしたり、一緒に旅行に行くようなお友達ができるかもしれません。そうしたら、いつか半年に一回のあなたとの約束の日も「友達と予定があるから」と断られる日が来るかもしれない。そうなることが望ましいですよね。

## 「自分の幸せを犠牲にする必要はありません」

今、自分の幸せを摑もうとしているあなたを心から応援します。

繰り返しますが、娘だからといって、母親の面倒は自分の人生を後回しにしてまで、必ず見ないといけないわけではありません。**あなたの幸せを犠牲にする必要はないのです**。だから、お母さんのことは甘やかさずに、自立のための場所を調べることだけお手伝いしてあげてはどうでしょうか?

調べてみると、**日本にはいろいろな福祉が充実していることがわかります**。そこに委ねること・助けを求めるのは、決して〝ひどい娘〟ではないのです。

AHN MIKA's Advice

# 「暖簾に腕押し」の鈍感さと、「物言う嫁」の強さを鍛える時期。いい嫁を演じる必要はありません！

今回のお悩み

## 「同居する義母に小言やイヤミを言われ続けて……」

３人目の出産を前に家を購入、夫の母と同居することになりました。義母は夫の弟さんと二人暮らしでしたが、弟さんが一人暮らしすることになり、義母の収入だけでは生活できないのと、持病のこともあり、私たちとの同居が決定。住み始めると、あらゆることに小言を言われるように。扉や食器棚が開けっ放しになっていると付せんが貼ってあり、「ちゃんと閉めなさい」。食事のお皿も「そのお皿は合わないから盛り付けないで」。作ったおかずも「あなたのこの料理の味は苦手だわ」。夫がいないすきに、イライラやストレスを私にぶつけてくるのです。出産してからはさらにエスカレートし、赤ちゃんの泣き声がうるさくてイライラすると言われ、「おしゃぶりつけさせたら？」と考えなしに言ってきます。特に子育てに関しては口出ししてほしくないのですが、夫に言っても悪口に聞こえるのか、嫌な顔をされて効果はありません。義母が夜勤をしていることもあり、夜勤の日の出勤前と夜勤明けの日は、家で見ている子どもを泣かせないようにと必死になってしまっています。産後のためか一緒の空間にいるだけで涙が出てきてしまい、一日が早く終わってほしいと思いながら過ごしています。根本的に私と義母の性格が合わず、私が義母に気を遣いすぎてしまっているのが原因かもしれません。（34歳・女性・会社員・3人の子どもあり）

アンミカ'sアドバイス

毎日お義母様に気を遣いすぎて苦しい思いをされているとのこと。あなたが言うようにそもそも「相性が悪い」のも原因の一つかもしれませんが、それ以上にお義母様の思いやりが足りないと感じます。

小言というのは、ポジティブに考えれば「自分のためを思って言ってくれてるんだ」「足りない部分があるなら勉強しよう」と捉えることもできるかもしれません。ですが一から十まで小言を言わないと気が済まない、さらに上の子もいて、赤ちゃんもいるという大変な時に手伝うどころか、赤ちゃんが泣くのは母親のせいだとばかりに追い詰めるのはいただけません。お義母様も育児経験があるのですから、協力するならまだしも「泣き声がうるさい」と文句を言うなんて、あまりに意地悪すぎます。

あなたはお義母様に対して、「毎回文句を言われたらあまりにしんどい」「そこまで言うなら一人で暮らしてほしい」と一度は立ち向かうべ

「お義母様には「思いやり」が足りていない」

「今のうちに「力関係」をはっきりさせておくべき」

きだと思います。同居ということは、ゆくゆく介護もすることになるでしょう。今のうちに力関係をはっきりさせておかないと、介護中にもわがままを言いたい放題になってしまいます。そんな理不尽な苦労は、甘んじて受け入れるべきではないと思います。

くる日もくる日もストレスをぶつけられたら、誰だって気力や体力が削がれます。ましてあなたは3人のお子さんの子育ての真っ最中。「人生の先輩として色々なルールを教えてくれるのはありがたいけれど、この家では家族みんなが心地よく過ごす協力をしてほしい」。少なくとも、そんな切実な思いを伝えていく必要があると思います。

相談すると嫌な顔をするという旦那様ですが、今のままでは、最悪の場合あなたが病気になってしまいます。旦那様にも遠慮するばかりではなく、このままでは暮らしていけないことを毅然と伝えてみてください。家庭を守っているのは、お義母様ではなくあなたなのですから。

それに同居しているなら尚更「いい嫁」を演じていては疲れてしまい

ます。少し残酷なことを言いますと、持病があって、収入的にも一人で暮らせないのはお義母様です。一緒に住んでくれている息子夫婦への感謝の気持ちをあなたに向けないのであれば、お義母様は一人暮らしをすすめられても仕方がない立場なのです。

大人は、戦い上手になりましょう。

しかし、喧嘩するのではなく「このお皿に盛り付けないで」と言われたら「ありがとうございます。ただ私はこれがいいんですよね~」と受け流す。「この料理は苦手」と言われたら「じゃあちょっと今子どもの面倒みるんで、お義母さん作っておいてくれます?」とお願いするなど、お義母様の意地悪を〝暖簾に腕押し〟〝ぬかに釘〟的に受け流す気の強さでやり過ごす努力をしてみましょう。お義母様が旦那さんに泣きついて相談するくらい「気が強い嫁」になっても構いません。

積極的に揉めごとを起こせと言っているわけではありません。あなた

## 「「気が強い嫁」と言われたって構わない」

# 「ああ言われたらこう言う」をイメトレする

が小言を言われ我慢し続ける姿をお子さんたちに見せていると、お子さんに影響が及ばないかも気になります。相手が身内であれ、母の立場・自分の居場所を守るために、時には戦わなければならない場合もあるように思うのです。そのためには、**しこりを残さない〝大人の戦い上手〟になっていただきたい**のです。

出産後の疲労が溜まっていて、今はお義母様と真っ向勝負する気力が湧かないなら、小言に対する切り返しをいくつか考えてみるのも一つの手です。「ああ言われたらこう言おう」とシミュレーションしておくことで、咄嗟のジャブも出しやすくなります。お義母様に「一本取られた！」と思わせるべくいかにツッコミを入れるか、少し楽しみながら考えてみるのもいいのではと思います。

お子さんを抱えながらもお義母様の同居を受け入れたあなたは、とても思いやりのある方なのでしょう。ですがここからは**「暖簾に腕押し」**

の鈍感さと、「物言う嫁」の心の強さを鍛える時期にあると思います。この家の中心はあなた。そのことをまずお義母様に理解させることで、きっと状況は好転していくはず。聞かずに受け流すという器用さと、しっかりとした自分というものを持って、ストレスで自分をすり減らさないように上手に生き抜いてください。あなたにとって家が居心地のいい場所になり、いつでも笑顔で過ごせる日がくることを、私も祈っています。

AHN MIKA's Advice

# SNSで家族を
# 悪く言うことは、
# **弟さん自身も傷つけています。**
# 見過ごさず叱ってあげて

今回のお悩み

**「Twitterに家族の悪口を書き込んでいる中学生の弟。姉としてどう接したら?」**

弟が家族の悪口を言ってフォロワーの同情を誘っているのを見つけてしまいました(弟が1日家出をしたとき手がかりを探していて偶然発見することに)。内容はありもしないことで、かなり誇張された表現でした。普段は家族の前では普通にニコニコして暮らしており、そんなに不満を持っている様子もなかったのですが、それゆえさらに弟に腹が立って仕方がありません。でも、弟はまだ中学3年生。反抗期だと思うので寛容になりたいですが、またTwitterで家族の悪口を書くのかなと思うと、苦しく、普通に接することができません。どうしたらいいでしょうか……。(16歳・女性・学生)

アンミカ'sアドバイス

こんにちは。中学3年生の弟さんに対するお悩みをご相談くださり、ありがとうございます。ご自身も16歳とお若いですが、とても優しいお姉さんであることが伝わってきました。

弟さんがツイッターに家族の悪口を書き込んでいるとのこと。お姉さんとして胸を痛めて当然ですし、弟さんのことも心配ですよね。現実にありもしないことを誇張して発信し、さも被害者であるかのように振る舞えば、同情が集まり周囲が「大変だね」「大丈夫？」と声をかけてくれる。その心地よさに味を占めてしまうのは、とても危険なことだと思います。架空の加害者を作り上げ、自分は被害者だと主張し続けていると「なんでも人のせいにするクセ」がつき、心が成長できなくなってしまうからです。

私も以前、知人から悩み相談を受けた際、何度も何度も相談に乗っているうちに、悩みの内容が支離滅裂になっていったことがありました。親御さんがいるのに「私には親がいない」とか、ご両親はお酒が飲めな

## 「大変な自分」を演じて得られる心地よさは手放すべき

## 「家族を悪く言うことは、結局、弟さん自身も傷つけています」

いのに「酔った親から暴力を振るわれた」と嘘をつく方も……。その方たちは、「大変な自分」を演出しないと人と繋がる自信がなくなってしまっていたのだと思います。ツイッターで弟さんが誇張した悪口を言い続けるのも、そんな心理が働いているのかもしれません。いったん手にした心地よさを手放すのは簡単なことではありません。しかし、**悩みを聞いてくれるたくさんの人の時間を無駄にする**だけでなく、他人に嘘の話を聞いてもらうことの心地よさに浸ることで、弟さんも嘘に嘘を重ね、嘘が手放せなくなり、心の成長もできなくなってしまいます。自分も周りもハッピーになれない悪循環を断ち切るためにも、同情を買うために嘘をつかないこと、家族がとても傷ついていることを、誰かがしっかり伝えて叱ってあげるべき。

お一人で弟さんに伝えるのは大変なことかもしれませんが、ご両親にお話しする前にまず、お姉さんとして二人で向き合い、日常の雑談から会話を始めてみるのはどうでしょう？　普段はお互い友達付き合いが忙しく、話すのも久々ということもあるかもしれませんね。普段のお二人の距離感がわかりませんが、唐突に切り出すのではなく、「最近あんまり話してないけど調子どう?」とさりげなく、気負わずに話せるタイミングを狙うといいと思います。

そこで、そういえば……と家出の話題に触れて、「実はその時に心配で手がかりを必死で探していたら、ツイッターでこんなアカウントを見つけたの」と伝えてみてください。最初は認めようとしなかったり、反抗したりするかもしれませんが、まだこのことは家族には話していないことを告げつつ、こんなことを語りかけてみましょう。


弟としてあなたのことは大好きだし、家族のことも大好き。

だから、傷つくことを書き込むのはやめてほしい。

愛情を注いでくれる家族を悪く言うと、結局あなた自身も傷つけてる。

嘘で同情を集めて人にかまってもらっても、それは嘘の世界。

本当は胸の内につらいことを抱えているとしたら、私たちは味方なのだから話してほしいし、理解したい。

「気負わずに
弟さんと話すタイミングを」

## 「心の揺らぎを埋めるものを自分で探し始めるとき」

弟さんの急な家出は、同情を買うための要素として体験してみただけかもしれないし、ニコニコしていた裏で抱えていた閉塞感が爆発したのかもしれない。それは弟さんにしかわかりません。でも、中学3年生といえば、思春期の心の揺らぎを埋められるものを、自分で探す年齢でもあると思います。その心の穴を埋めるものは、嘘をつくことで他人から寄せられる同情ではありません。

**現実世界であなたにはちゃんと居場所がある。そして、あなたを愛している人がちゃんとそばにいる。**少々照れくさいかもしれませんが、あなたが真正面から伝えてあげることで、弟さんが変わるきっかけになるはずです。

あなたとご家族の愛情に気づいた弟さんが、少しでも早く偽りの心地よさを手放せるよう、私も心から祈っていますね！

# chapter 5

Have Self-esteem

アンミカ流

# 「今の自分」をもっと素直に愛そう♪

AHN MIKA's Advice

# 自分の人生の一番大きな**味方は自分！**「恋人がいないと不安になる」理由とその対策は？

今回のお悩み

**「恋人がいないと不安で自分の価値がないように感じます」**

学生時代から、恋愛体質で恋人がいないと不安で自分の価値がないように思ってしまいます。現在、彼氏はおらず、婚活パーティに通っています。今まで何人かの方とお付き合いしましたが、相手を失いたくないあまり意見を言えずに苦しくなり、結果、交際期間が短期間で終わって虚しくなる……その繰り返しで不安です。ここ数年は周りが結婚・出産ラッシュ。気軽に会える友達も年々減って、このまま一人ぼっちになるのではないかと辛い気持ちで焦ります。恋愛以外にも目を向けようと、スポーツ系の習い事をしたり（６～７年続けています）、仕事も３年前に転職をし、ありがたいことにやりたい仕事ができていたりと、自分なりに努力はしていますが、満たされません。自己肯定感が低いせいか、子どもの頃から人と自分を比べてしまい、自分のことが嫌いです。消えてしまいたいと思う時もあります。この先の人生、不安でいっぱいです。客観的なアドバイスをいただけると励みになりますので、よろしくお願いいたします。自分軸を持ち、他人は他人、自分は自分と思える強い人になりたいです。（32歳・女性・会社員）

アンミカ's アドバイス

恋愛体質ということですが、恋愛以外にも目を向けようと努力され、習い事も続けられていて、自分を変えようと努力されているアグレッシブな一面もお持ちで、望んだ仕事にも就けているなんてとても素敵な方だと思いました。

気になるのは、「私は自己肯定感が低い」と書かれているところです。原因については特に語られてはいませんが、**自己肯定感とは幼少期に育まれるところが大きいといいます。育ってきた環境に何か思い当たることはないでしょうか?** たとえば、テストで98点をとったのに「なんで100点じゃないの?」と頑張りを認めてもらえなかったり「○○ちゃんはこうだけど、あなたはこう」とずっと比較をされてきたり……。

なので、**過去に恋人ができたときに初めて自己肯定感を得られたような感覚になったのではないでしょうか。**「好きだ」「かわいい」と言ってもらえたり、束縛されたりやきもちを焼かれたりすることが、「だれか

## 「あなたの自己肯定感を低くしている原因は?」

にありのままの自分を必要とされた」という自己肯定の経験になったのではと推測します。

そのように、「だれかに求められた幸せ＝自分の幸せ」だと認識すると、常にだれかに求められている感覚＝恋愛していないと不安に襲われたり、虚無感に襲われたりすることもあると言います。だれかに認めてもらうことが自分の存在意義になると、嫌われたくない気持ちが先立ってしまい、彼氏に合わせようと自分のイエス・ノーが言えなくなることも……。恋人との交際が長く続かないというのも、相手に嫌われたくない思いで、自分を見失いがちになるなどの問題があるような気がします。

今回は、「自分軸を持ち、人は人、自分は自分と思える強い人になりたい」ということなので、「自分を愛する」ということについてのお話をさせていただけたらと思います。

「自信をつける」というのは、字のごとく「自分を信じる」ことでしか成し得ないことです。自信とは、他人からもらうものではなく、自分の内から湧き上がってくるものでしかありません。言い換えれば、自分の人生の一番大きな味方は自分ということです。

**自分という字は〝自らを分ける〟と書くように、自分を客観的に見られるもう一人の自分が一番の味方であることが自己肯定感につながります。**自分という存在は一人ではなくて、陰と陽のように、常に自我を分けた存在としてもう一人の自分がいて、潜在意識で自分を客観的に見ているという表裏一体の存在。何か辛いことがあったときや失敗してしまったときでも、その陰の自分が「大丈夫だよ」「悔しかったけど学びだね」と次に肩を押すことができたら、それが自信になるのです。

心理学の世界では「インナーチャイルド」という言葉があり、子ども時代の記憶や心情を持った小さいときの子どもが自分の中にいることを指します。その子どもを常に自分で励まし続けてあげることで、辛かった過去の記憶に囚われなくなり、過去の自分と現在の自分がつながり、

## 〝インナーチャイルド〟を励まし続けよう

# 「自分について書き出して、自分が素晴らしい存在であることを知る」

重なってくるんですね。反対に、傷ついたままのインナーチャイルドを抱えた状態だと、人と比べて自分は足りていないと卑下してしまったり、大人になってからも生きづらさを感じやすくなってしまうと言われています。

「自己肯定感を持って生きよう」「自分軸を持とう」とよく聞きますが、どうすればそれができるようになるのでしょうか。

自分で実践できることを、具体的にお話しさせていただきますね。

今のあなたにとって大切なのは、自分は何が好きで、何が嫌で、何が心地よくて、何が心地よくないのか考える、という自分と向き合う作業だと思います。他者がどうかではなく、自分がどういう人間なのか、まず自分を知ること。

**私は、悩みがあるときに自分を知るための作業として「七つの光の木」に書き出して**みることをおすすめしています（190ページ参照）。

もう一つの方法は、インナーチャイルドに焦点を当てて、自分を知ることです。自分の中に小さい子どもがいると想像して、小さいときからの自分を思い出していくのです。

「小さいとき、ああいうことをされて嫌だった」「でもこれは克服したな」「あのときは嬉しかった」「私の喜怒哀楽の思い出ってなんだっけ?」……覚えていることを書き出していき、自分のことを客観的に見て、自分の中のインナーチャイルドの代弁をしてあげる。

次に、大人になった自分は、それに対してどう思うかを書き出していく。そのときに「意外と小さいときから変わってないな」と思うことは、傷ついたインナーチャイルドがそのままになっている兆候です。小さいときから置き去りにされた自分の感情を紐解いていき、「もう大丈夫だよ。もう私は、学んで経験して克服して大人になったから、大丈夫になったよ」というように、過去の嫌だったことやいまだに気にしている失敗に対して、今の自分が過去の自分を励まし、自分で自分を許していく

「自分を知るための〝七つの光の木〟」

作業をする。

「もう大丈夫だよ」と声をかけていくと、だんだん自分の中の子どもが成長してきて、今の自分もその事象が気にならなくなっていくから不思議です。

「七つの光の木」も「子どもの自分を励ます作業」も、自分とは素晴らしい存在なのだと知るレッスンです。どういう環境で育っても、今あなたがここにいるということは、だれかの愛情で育ったということ。愛ある社会の誰かがあなたを生かしてくれています。3年前にあなたがやりたい仕事に就けたのも、あなたがそれを必要とし、社会もあなたを必要としたからこそ。趣味のスポーツも、あなたの生活を彩りながら、あなたも誰かの仕事を生み出しています。人というのは生きているだけで社会の役に立っているのですよ。

そして、社会ではみんな少しずつ不安で、不安なのはあなただけではありません。だから、消えてしまいたいなんて思わずに、自分で自分を愛してあげる作業をしてください。それができたときに初めて、「他人は他人、自分は自分」と考えることができ、きっと今後のよい恋愛にもつながるはずです。

あなたの幸せを心から願っています。

「不安なのは生きてる証拠！
自分で自分を愛してあげる」

# 自分を知るための〝七つの光の木〟を書いてみましょう！

まず、自分の悩みや目標、願望を中心に書きます。
①それに対して現状はどうなのか
②何のために目標や願望を叶えたいのか
③なぜそれが叶っていないのかor思いあたる理由
④もしその願望が叶ったらどのような喜びがあるか
⑤叶えるために必要なモノ、味方や知識は？
⑥叶える上で邪魔しているもの、不安は何か？
⑦あらためて①〜⑥を見た上で、最後に計画を立てる。

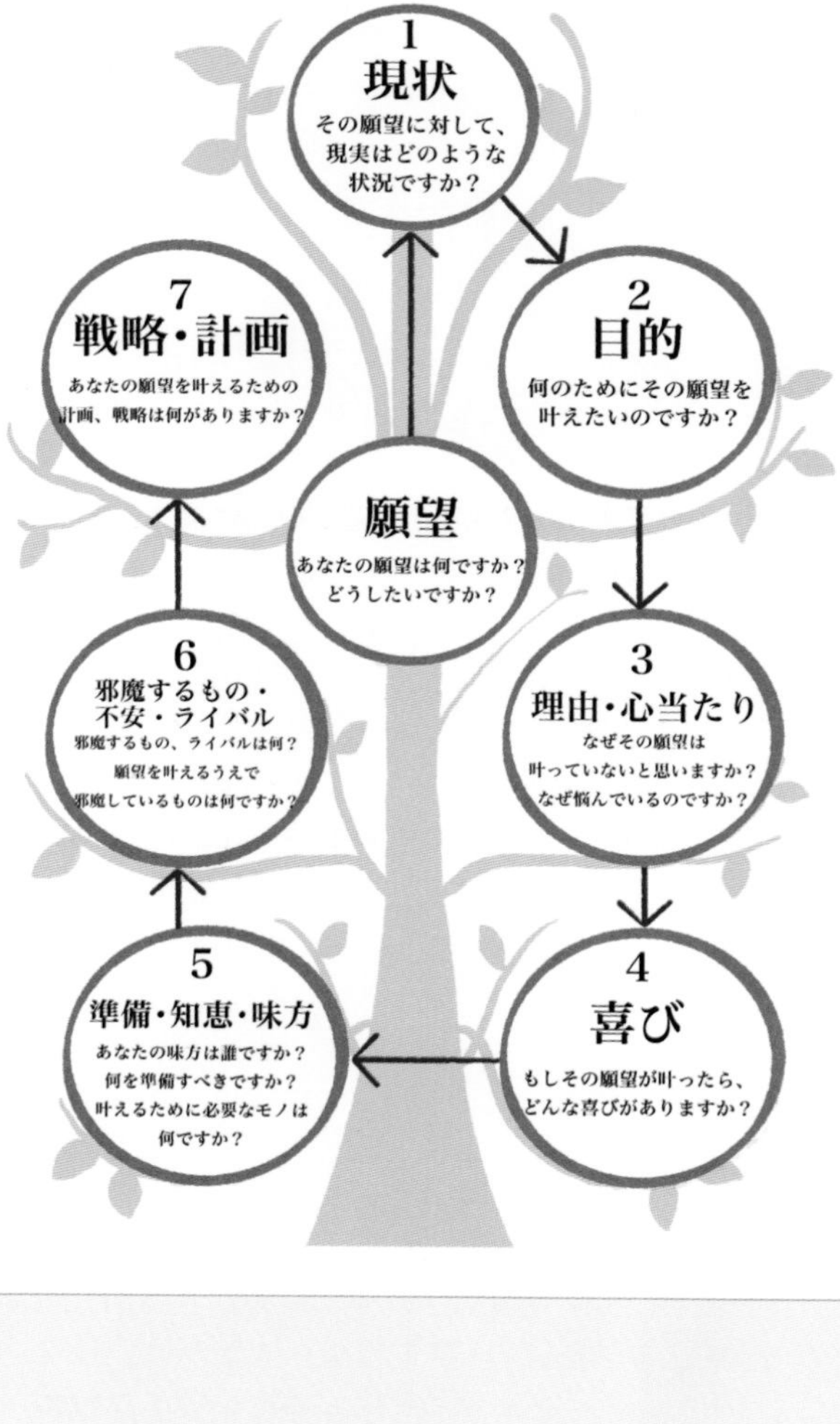
1
現状
その願望に対して、
現実はどのような
状況ですか？
2
目的
何のためにその願望を
叶えたいのですか？
3
理由・心当たり
なぜその願望は
叶っていないと思いますか？
なぜ悩んでいるのですか？
4
喜び
もしその願望が叶ったら、
どんな喜びがありますか？
5
準備・知恵・味方
あなたの味方は誰ですか？
何を準備すべきですか？
叶えるために必要なモノは
何ですか？
6
邪魔するもの・
不安・ライバル
邪魔するもの、ライバルは何？
願望を叶えるうえで
邪魔しているものは何ですか？
7
戦略・計画
あなたの願望を叶えるための
計画、戦略は何がありますか？
願望
あなたの願望は何ですか？
どうしたいですか？

AHN MIKA's Advice

# 「心配」は自分への「心配り」に変えられる！心配の原因は自分への**期待値の高さ**かも？

今回のお悩み

**「先のことばかりが心配で〝今〟を楽しめない」**

例えば、新しくお受けした仕事に対しては、「早く終わってこの件から手を引きたい！」、初めて会う人との待ち合わせの時には、会う前から「２時間後には帰れる……」と考え、調子の悪い時には、不安のあまり「早く人生を終わりたい」とまで思ってしまいます。さらに、人の成功を知って落ち込むという心の狭い部分もあり、「あの人は成功していく、それに比べて私には何もない」といった気持ちに。仕事や、パートナー、趣味にやってみたいこともあるのに、〝今〟を全然楽しめません。心配が毎日の生活を圧迫しすぎています。原因は、自分に自信がないことでしょうか。中学生くらいから、体型に自信がありません。30代でダイエットをして、一時は自分の理想体重まで持っていけたのですが、その後、慢性的な病気があることがわかり、太りやすくなる症状があるものでした。今も体型にはコンプレックスがあります。チャレンジを避けてきたことも関係するかもしれません。高校受験の時、落ちないよう学校のランクを下げたり、大学受験は推薦枠で決めたり。道は間違っていないけれど、第２希望に進む（第１希望をつかみにいけない）みたいなところが……。〝今〟をちゃんと楽しみたいです。（46歳・女性・自営業）

アンミカ'sアドバイス

長年のお悩みを打ち明けてくださり、ありがとうございます。「先のことを心配して今が楽しめない」とのこと。きっと多くの人が似たような不安を抱いたことがあると思います。今はネット記事などで、成功者とされる方の経験談や、活躍している人の話を目にする機会も増えていますから、誰かの成功と自分の人生をつい比較してしまうのも、あなただけではないはずです。

ただ、私が心配になったのは、あなたが時に、これから人生で起こることや、不安のあまり、「早く人生を終わりたい」とまで思ってしまうことです。

**この先の人生に起こることがわかる人は誰一人としていませんし、先がわからないことも人生の面白みの一つ**ですよね。もしも「先がわかる人生」を歩めるとしたら、あなたはどうでしょうか。不安は少なくなるかもしれませんが、毎日が味気ないものになるとも思いませんか？

## 「誰だって「見えない未来」は心配になるもの」

# 「期待値」が高いほど、不安も落胆も大きくなる

先のことへの不安や心配——その原因をお悩みから辿っていくと、そこにはもしかしたら、「自分や未来への期待値の高さ」があるのではと感じました。これから直面するであろう出来事に対して、**期待値が低ければ「まあなんとかなるさ」とそれほど不安になることはない**と思います。ですが、期待値が高ければ高い分「うまくできなかったらどうしよう」という不安も生まれやすくなります。

自分や未来への理想が高かったり、完璧にやろうとするからこそ、「そうならなかったとき」に想像を巡らせてしまい、今への集中力が削がれてしまっているのかもしれません。

あなたに対して、自分や未来への期待値を下げましょう、と言いたいわけではありません。それは短所ではなく、長所だと思うからです。

ご自身のご病気が体型に関係していることも、ダイエットで理想の体重を達成するほど努力したからこそ、見つけられたのかもしれません。受験のことを例に挙げて、「チャレンジをあえて避けてきた」とおっし

ゃいますが、受験で安全な道を取ることだって、決してネガティブなことではありません。
私にはむしろ、あなたは「チャレンジしてきた人」「チャレンジしたい人」に思えますし、いつでも一生懸命で、生きるモチベーションがとても高い方だと感じます。そんな魅力的な方に、「期待値に達することができなかった→落ち込んでしまう」という法則ができてしまっているとしたら、それはとてももったいないことです。

あなたが日々格闘している「心配」は、見方を変えれば「心配り」ととらえることだってできるはず。好きな映画を観てリラックスしたり、丁寧に接してくれるエステで緊張をほぐしたり、自分を優しく労るために心を配ってあげてください。心配りは、何も他人だけにするものとは限りません。あなた自身のためにだって使えるものなのです。

自信を育むために、あなたを大切に扱ってくれる、丁寧に接してくれる経験にお金を使うのも、一つの方法です。たとえば、ちょっといいレ

## 「あなたは「生きるモチベーション」が高い人」

ストランでお食事したり、ちょっといいエステに行ってみたり。なかなか自分を大切にできない人は、誰かの心配りに触れることで、自分を慈しむ気持ちが育つこともあるからです。お金を払わなくても、そうした場所をお持ちならそれでいいのですが、自分を大事にしてもらう経験をお金で得ることに、後ろめたさを感じる必要もありません。

# 「心配」は自分への「心配り」にも変えられる

人の成功と自分を比べて落ち込んでしまうのなら、「いいなあ」という羨ましがる気持ちをいっそのこと、口に出していきましょう。直接言える人はもちろん、ＳＮＳならコメントしてみるのもいいですね。「いつも素敵ですね！」「私もあなたのようになりたいです！」「応援してます！」と言葉にすると、相手を正面から認めたことになるので、自然と妬みとは感じなくなっていきますよ。

パートナーもいらっしゃるとのことですから、不安を口にしたらもはや〝ネタ〟としてツッコミを入れてもらうのもいいですね。私は左利きを右利きに後から直したので、ビンやパウチを開けた時、思わず〝本体〟を捨ててしまうことがしょっちゅうあります（笑）。自分でもおかしくて、いっそネタとしてたくさんの方にツッコんでもらおうと写真をＳＮＳにアップすることも。失敗したらしたで、それもひとつの笑いのネタにだってなるのです。「また余計なこと考えちゃった！」と思ったら10円玉を貯金箱に入れるのもいいですね。ゲーム化することで必要以上に落ち込まずに済みますし、お金も貯まって一石二鳥です。

不安があるのは一生懸命生きている証ですし、あなたは誰よりも一生懸命生きています。「仕事もあり、パートナーもいて、趣味やこれからやってみたいこともある」というあなたは、十分幸せな「今」を送れていらっしゃいますよ。そのことに誇りを持って、未来への心配を「自分への心配り」に使い、もっと気楽にご自身を愛してみてくださいね。

「妬みを溜め込まず、
自分の性分をネタにしてみる」

AHN MIKA's Advice

# シングルマザーを理由に
# **“都合のいい相手”**を求めると、
# 結局、自分が
# 都合のいい存在になる

今回のお悩み

**「シングルマザーで子どもは5歳。**
**いつから恋愛してもいい?」**

私は32歳で、仕事をしながら５歳の娘を育てているシングルマザーです。離婚してまもなく１年。もう結婚はしたくないけど、恋愛はしたいと思っています。ただ、もし好きな人ができてお付き合いができたとしても、娘にとっての父親は元夫なのは変わらないので、母親である私に他に好きな人がいるという状況をまだ娘には理解できないと思います（そもそも、娘には離婚したことを伝えていません）。しかも、「結婚したくないのに恋愛したい」というのはお相手にとっても失礼な気がしていて、恋したい気持ちはあれど、恋をしちゃダメだよなと思う自分もいます。シングルマザーはいつから恋愛してもいいと思いますか？　恋愛する前にこれはやっておいたほうがいいと思うことはありますか？　また、「結婚はもうしたくないけど恋愛したい」というのは都合がいいと思いますか？　（32歳・女性・長女５歳）

アンミカ'sアドバイス

離婚してもうすぐ1年とのこと。お子さんもいらっしゃり初めての経験から、もう結婚したくないという気持ちになり、お相手や娘さんのことを思って、次の恋への一歩を迷っていらっしゃるのだと察します。

今のあなたは、守りたい存在がいる状況だけにそうなるのかもしれませんが、**動く前から頭で考えすぎてしまっている**ように見受けられます。今後、お子さんがある年齢になったときに、家に父親がいないことに気づいて、お父さんが欲しいと思うかもしれない。それでも「元夫がこの子の父親だから、私は結婚しない!」というのも頑なな気がしますし、**子どものことを思って「結婚はしたくないけど恋愛はしたい」と今から決めつけてしまうのも、もったいない**と思うのです。

〝結婚したくない〟と考えてしまうのは、結婚に辛い思い出があり、結婚という形にとらわれず恋愛をしていきたいということかもしれませんが、ひとたび恋愛をして、相手が心地よい存在になっていって、相手も

「人は変わる。
動く前から頭で考えすぎないで」

# 「都合のいい人を求めると、自分も都合のいい人になる」

広く深く理解をしてくれたなら、「もっと一緒にいたい」の連続から一緒に住むことになったり、そこから結婚につながったりするかもしれませんよね……。なので今は、**頭でっかちにならず、そのときになって決めてもよいのでは？**

まだお若いし先の人生も長い。人の気持ちは変わるもの。だからまずは、決めつけて考えすぎずに、心のままに動いてみてもいいのではないでしょうか？

あともう一つ。**「結婚はしたくないけど、恋愛したい」という言葉は、なるべく口にしないほうがいい**。もし今後、お付き合いを考える方が現れたときに、この言葉で先制してしまうとお相手を傷つけてしまうかもしれないですし、あなた自身が都合のいい女性に見えてしまう可能性もあります。あなたが都合のいい関係を求めるということは、あなた自身が都合のいい女性として見られやすくなるということでもあるのです。

これはあくまで推測なのですが、すでに気になる人がいませんか？「結婚したくないのに恋愛したい」というのは相手にとっても失礼だと考えていることなど、具体的に相手の顔が浮かんでいらっしゃるのかな、と勝手ながら文面から感じてしまいました。今は離婚したばかりで、「ときめいてはいけない！」と自分にブレーキをかけている状態かもしれませんが、恋愛はいつからしてもいいんですよ！

お子さんもまだ5歳だと、わかりにくい部分はあるかもしれません。でも、子どもは成長するし、ある年齢になったらわかるときが来ます。今、説明しなくても、いずれ娘さんが理解できるようになって、伝えなければならない時期も来るでしょう。それと、あなたが結婚か恋愛かと考えることはまた別の問題かと思います。

いずれにしても、お子さんを大切にしつつ、ご自身がキラキラと輝いていることがお子さんにとっても幸せな環境であると思います。あなたが、素敵な人と恋愛できますように。応援しています！

## 「恋愛に対して ブレーキをかける必要はない」

AHN MIKA's Advice

# 「自分は熱量が低い」「鈍感だ」という呪縛から解き放たれるべき。大手を振って中道を歩んで！

今回のお悩み

## 「熱中できる趣味も人もないのが悩みです。どうすれば変われる?」

私の悩みは熱中できる趣味がないことです。普段は仕事が忙しく、いざポンと予定のない休日ができると、何がしたいかわからずSNSを眺めて終わってしまうことも。友人と遊ぶことも、映画を観に行くのも、スポーツも、本を読むのも好きですが、熱中というほどではありません。「趣味は？」と聞かれると困ってしまいます。また、人に対してもあまり執着がありません。人からよく「だれにでも寛大で優しい」と褒めてもらえるのですが、それは逆で、あまり相手に対して本気の感情で接していないから許せるのです。後輩などを本気で叱っている同期を見ると、あんなに親身になれて素晴らしいと感動します。熱中って、きっと気づいたらその渦中にいるものだろうとは思うのですが、どうしたら私のこの鈍感な心を動かすことができますか？　何か興味のアンテナを立てる訓練のようなものはありますか？　人に対してももっと心からぶつかっていける人間になりたいです。（33歳・女性・会社員）

アンミカ'sアドバイス

お悩みを寄せてくださりありがとうございます。「優しくて寛大」と人に褒めてもらえることは素晴らしいことですし、「人に対してあまり執着がない」ことも、逆になかなかできることではないと思います。

私は、**お話を聞いて個人的には、バランスがとれた大人な人だと感じました。**〝熱中〟という言葉を、あなたは少し重いものとして捉えてはいないでしょうか?

友人と遊ぶこと、映画やスポーツ、読書が好きで楽しいのなら、それで十分な気がします。むしろ、急なお休みの日に、自分が何をしたいのかわからなくなるほどお仕事に熱中されている! お仕事が好きな方なのではないかなと感じました。

お悩みを寄せてくださっているのに、こう言っては失礼かもしれませんが、**これはシンプルに〝性格〟によるものではないでしょうか?**

誰しも生まれ持った性分のようなものがあり、あなたは**物事を淡々と**

「感情的に表現する=本気」ではないかもしれません

した視点で見るのが得意な人。そう、これは特技で個性なのでは？

あなたが憧れている〝熱中〟とは「エモーショナルな表現力」のことを言っているような気がします。後輩を叱っている同僚も、本当に後輩のために親身になっている場合もあるかもしれませんが、自分の考えを押し付けていると捉えることもできます。言わないと気が済まない性格の人もいますし、感情が見えなければ本気とはいえないというわけでもないですし……。

ちなみにちょっと変わった視点でお話ししますと……。

漢方養生的な見地から言うと、「五臓六腑が健やかな人は、何事にも感情的にならず、よい距離感が保てる」と言われています。また、仏教にも〝中道〟という言葉があり、対立を超えてどれにも偏らない中正な立場を貫く実践方法を指します。

まさにあなたではありませんか！

感情に支配されすぎずに、一歩引いて穏やかに物事を見ることができるご自身の性格は、まさに中道を歩いているようなもので、みんなが目指す境地とも言えないでしょうか？

あなたは悩んでいますが、とても健全な心の持ち主なのかもしれません！

人間、いろんな人がいて千差万別。みんながみんな「全力でぶつかっていくぞ！」という私のような性格だったら物事がなかなか進まず大変です！（笑）　周りからは「アン ミカさんはいつも全力ですね！」と言われますが、そんな自分に「自我が強めだなぁ……」と、しんどさを感じることもあります。

だから私はあなたの性格に憧れます！

一歩引いて周りを見ることができるというのは、本気でぶつかっていないのではなく、調和力やバランス力がある人だからだと思えるからです。

「一歩引いた見方は
調和力を持つ証」

## 「頭で考えすぎず五感を使って、自分を知る」

ここまでの回答は「あなたはそのままでいい」ということなのですが、「もっと答えが欲しい」と思われるかもしれないので、違うアドバイスをするとしたら、**「自分を知る」という作業をしてから、趣味を探してみては**いかがでしょうか？

まずは紙とペンを用意して、**「自分の好き嫌い」「五感の心地よい悪い」「何をしている時に喜・怒・哀・楽がある？」**などを書き出してみます。

その紙を改めて見てみると、自分でも気づけなかった側面が見えてくることも……。

または、「私って何をしている時が楽しそう？」と、お友達に聞いてみるのもよいですし、普段よく検索しているキーワードを振り返ってみるのも有効だと思います。無意識に検索しているワードに、自分の興味関心が詰まっていることが多いですから。

たとえば、今いちばん興味をそそられる分野の趣味や勉強を、「熱中するかどうか」と頭で考えずに、まずはスタートしてみてはいかがでしょうか? 行動の後に、気持ちがついてくることも多々あります。

資格なら、合格するために勉強もかなりしなくてはなりませんし、勉強して知識が身につくと人に話したくもなるので、さらに理解を深めることができます。人に情報をシェアして喜ばれることで、次第に好きになっていく……という順番もありえます。

多種多様な人間関係の中で、あなたのような方は一人いてくれないと困る、稀有な方です! 「自分は冷たい」「鈍感だ」という呪縛から解き放たれ、「私は何事にも心を大きく動かされない、中道を歩むことができる、バランスがとれた人だ」と捉えることができたなら、大きな自信につながり、自分を愛してあげることができます。

そう思えるようになれば、今後の人生が更に輝いてくると思いますよ。

## 「あなたはバランス感覚のある稀有な人です」

AHN MIKA's Advice

# 「好き」と「似合う」が近づく簡単エクササイズでセンスは育ちます！

今回のお悩み

## 「おしゃれ迷子です。無難な装いから抜け出して、失敗しないおしゃれを楽しむには？」

私は白・黒・グレー・ベージュといった無難な色の服しか持っていませんが、アン ミカさんは鮮やかな色のお洋服をいつも素敵に着こなしていて、本当に見ていて楽しい気持ちになります。私は、これまでやんちゃな男の子２人の子育てに追われ、自分に構う時間がほとんどなかったように思います。子どもも手が離れ、そろそろ自分もおしゃれをしたいのですが、何を見てもピンとこないので、結局「買わなくてもいいか……」という気持ちに。着てみたい服を買うと、それに似合う上着から靴まですべて新調しないと合わせるものがないのも原因かもしれません。アン ミカさんはどのように服を選んで買っていますか？　また、長らくおしゃれから離れていた場合、どういうふうに買い物を始めたらよいでしょうか？

（45歳・女性・パート＆アルバイト・長男14歳、次男11歳）

アンミカ'sアドバイス

ご相談ありがとうございます。私のファッションを楽しんでくださっているとのこと、とても嬉しいです。服選びのお悩みということなので、今回は「久しぶりの買い物で失敗しない方法」をお話しさせていただきますね！

まず、お洋服は**「ここに着ていくのに必要だ」という目的がない限り、「これが欲しい」とはっきり分かる人のほうが少ない**と思います。目的もなく、自分が欲しい服が分かる人は、かなりおしゃれに敏感な人。なので、久しぶりのお買い物であれば、欲しいものが分からないというのは当たり前ですよ！

きっと、これまでは常にお子さんと一緒で、「動きやすい」とか「汚れが目立ちにくい」ことを条件に服を選んでいたので、白・黒・グレー・ベージュという色が多かったのだと想像しています。

## 「目的がない限り、欲しいものがわからないのは当たり前」

しかし、白・黒・グレー・ベージュはポジティブに考えればおしゃれの基本色。すでにそのベースの色をお持ちのあなたは、実はおしゃれな人なのでは？　と、思います。基本色がそろっていれば後は簡単！　そこに、アクセントになる色を足せば、簡単におしゃれなコーデになりますよ！

# 「服を買う前に、まず自分の日常シーンの分析から」

では、久しぶりのお買い物をどのように進めたらよいか、お話ししていきますね。

## ①自分の生活のシーンを分析する

まず、自分が出かけるシチュエーションを分析してください。例えば**「よく行く場所」「普段どういう移動手段を使っているか」**など。シーンを分析していくと、どういうものが必要か見えてきます。たとえば、車移動なら厚手のコートは必要ない、自転車だとフワッとしたロングスカートだと危ない、座っている時間が長いならシワになる素材のものは選ばない、などです。

さらに、お洋服を着て出かけたいシーンも考えてみてください。「息子から『ママかわいい』と言ってもらえる服がいいな」「ママ友との食事に着ていくのに派手すぎないけど、流行を取り入れた褒められ服がいいな」などです。

次に、自分の私服を写真に撮っておくことをおすすめします。この時気をつけてほしいのは、服だけを撮るのではなく、着ている姿そのものを撮影すること。そうするとお買い物の時に「このパンツに合わせる服はどんなものがいいですか？」と、自分に似合うものをわかりやすく伝えることができますし、その方が店員さんもアドバイスしやすくなります。

## ②自分の「好き」を理解する

シーンの分析が終わったら、今度はお勉強です。雑誌などを見て、自分が直感的に「こういうの好き！」と思ったコーディネートにどんどん

「自分好みの感覚を取り戻しておく」

付箋をつけていってください。買い物に行く前に、自分好みの感覚を取り戻しておいたほうがいいのです！　これをしておくことで、店員さんの意見に流されてなんとなく買ってしまうということがなくなるでしょう。

③お店に着いたら、一番自分好みのおしゃれな店員さんに声をかけましょう

シーンを分析し、自分の好みを把握したら、ここでやっとお店に向かいます。

お店では、髪型やメイク、着こなしまで一番自分好みの店員さんに自分から声をかけてみましょう。その方に、「私に似合うのはどんな服だと思いますか？」「こういうものが好みなんですけど」と雑誌を見せたり、「普段はこんな服が多いんです」とワードロープの写真を見せるのもいいと思います。

なぜこんなことをするのかというと、**長い時間が経っていることで、自分の中の「好き」と「似合う」が、離れてしまっていることがあるから**です。「昔、こういう服を着ているときに褒められた」という成功体験は、時代とマッチしていなくて古くなってしまっていることも多いもの。また、髪型も顔立ちも輪郭も、当時とは変わってきているはずなので、昔は似合っていた服が似合わなくなっている可能性も高いのです。なので、今回のトライがとても大切です！ **毎日洋服を見ている店員さんが、あなたをパッと見たときに第一印象でオススメしてくれた服が、今のあなたに似合う服**だということは結構あります。

## 「年齢を重ねて似合うようになる服も」

私自身のお話をすると、実は、丸首のお洋服が長年苦手だったのですが、最近少しずつ着られるようになってきました。昔は輪郭も鋭角で、目つきも鋭かったので、あまり丸首の服が似合わなかったのですが、年を重ねて顔つきも丸く穏やかになったことで、似合うように。加えて、

## 「一度持ち帰って、客観的に「似合うか」「好きか」を確認」

今の丸首のお洋服は昔とは違い、襟は丸いのに肩は大きくてストンと落ちているデザインだったりして、私が好んで穿くタイトなスカートとの相性がいいのか、カジュアルとエレガントのミックス感がちょうどよくなるんです。そこで私が頑なに「Vネックじゃなきゃ嫌！」と言っていたら、どこか古臭くなってしまうもの。そういった、今の時代ならではのカッコよさもありますよね。

なにも勉強せずに買い物に行くと、ただすすめられたモノを買って着なくなるのはもったいないので、自分の好みや着ていくシーンを伝えつつ、自分が素敵だと思った人にすすめてもらうというのがベストです。**でも、1回目の来店では、よほど気に入った場合以外は急いで買わないようにしてくださいね。**

### ④試着した服の写真を撮り、周りの人に見せて、褒められた服を買う

1回目の来店ではフィッティングをして、お店の人に許可をとり、そ

の服を着ている自分の写真を撮影してお店を後にしましょう。写真に撮ることで、自分でも冷静に、客観的に似合っているか、しっくりくるか見ることができます。そして家に帰って**旦那さんや周りの友人に写真を見てもらって、みんなに褒められた服を買う**。褒められた服を買うことで、実際にそれを着ていくときも「どう思われるかな……」とモジモジせず自信をもって着こなすことができるでしょう。急におしゃれな格好をするのは気恥ずかしいという思いもあるはずですから。

「最初から旦那さんや友人と買い物に行けばいいじゃない」と、思うかもしれませんが、自分の好みを知る身近な人と一緒に買い物に行くと、あなたに気を遣って、あなたの好みに意見を寄せてくることがあるので、久しぶりに買い物をするときほど、今の時代と今のあなたに合うものを選んでもらうために、初対面の人に選んでもらうことをおすすめします。

トレンドのものと、あなたに似合うものを考えて見繕ってもらう。そして、それを写真に撮って帰って、周りの人にも褒められた服を買う。

「初対面の人に選んでもらうメリットも大きい」

## 「好き」を着こなし「似合う」をアップデートする

人から褒められた服は、自分も好きになれるものです。**これは「好き」と「似合う」が近づくということ。「好き」と「似合う」が近い人ほど、センスがいいということ**だと思います。「好き」を着こなせない人もいるし、「似合う」をアップデートできていない人もとても多いのです。

以上、「アンミカ流・お洋服の買い物の方法」でした。ちなみに私も自分で買い物をするときは、この方法で服を買っています。

実は、この買い物の方法は、意外に店員さんにも喜んでいただけるのです。店員さんは「今は見ているだけです」とお客様によく言われるため、お客様から声をかけてきてくれて、相談されるのは嬉しいもの。そんなコミュニケーションも含めて、お買い物を楽しんでくださいね。

この本を手に取りご一読くださった皆様に、心より感謝申し上げます。

人が二人いれば多様性といわれます。人の数だけ環境や受けた教育、好みや違いがあり、もちろん悩みもあります。人との違いを理解はできなくても、その違いを尊重することはできます。その違いを尊重し、認め合う気持ちをお互いに持つことが、和を持った人間関係につながり、それが真の平和につながるのだと信じています。

今の自分のコミュニティでは聞けないような悩みを聞くことが、真の多様性を認めることにつながると考え、人生相談をまとめたこの本を出版することに賛同いたしました。

自分に起こる出来事を全て【自分の大きな器作りのため、これは幸せになるためだ】と信じ、目の前にある悩みに負けないでください。生きていれば苦労した分だけ、必ず幸せを見つけやすく、幸せを感じやすくなることでしょう。

さて今回は、私が大切にしている言霊【Happy.Lucky.Love.Smile.Peace.Dream.】を歌と踊りにした「アンミカーニバル」を特典にさせて頂きました。

何度も歌うことで「言霊」があなたの細胞に染み渡り、心も体も軽やかになって貰えたら嬉しいです！

この本と楽曲の制作に携わってくださった皆様、相談を寄せて頂いた皆様に、心からの感謝を込めて。

皆様に光、幸あれ！！

Let's Do アンミカ！

# アンミカーニバル

作詞：アン ミカ、 mitsuyuki miyake

Happy Lucky Love
Smile Peace Dream

believe me　ようこそ

Happy Lucky Love
Smile Peace Dream

君に 光 幸あれ

LaLaLa…

また悩んでいるの 聞くわ
こんな夜はあかん 朝考えよう

現在《イマ》は未来へのプレゼント
大切に幸せの道、進もう！

Happy Lucky Love
Smile Peace Dream

believe me　ようこそ

Happy Lucky Love
Smile Peace Dream

君に 光 幸あれ
笑顔ハレバレ

LaLaLa…

不安な時あるね みんな
それは一生懸命生きてる証《あかし》

完璧じゃないどんな自分も
好きでいられることが
とっても素敵

Happy Lucky Love
Smile Peace Dream

believe me　ようこそ

Happy Lucky Love
Smile Peace Dream

君に 光 幸あれ

白って200色あんねん
私は幸運って信じてみ！
笑顔は周りに伝染すんねん
さぁ回そう！ 笑顔の観覧車ー！

Happy Lucky Love
Smile Peace Dream

believe me　愛して

Happy Lucky Love
Smile Peace Dream

最高！

Happy Lucky Love
Smile Peace Dream

believe me　ようこそ

Happy Lucky Love
Smile Peace Dream

君に 光 幸あれ

LaLaLa…

光 幸あれ
アンミカーニバル！

## *Costume*

アビステ
☎03-3401-7124

アジュテ ア ケイ（京屋）
☎088-831-0005

クリスチャン ルブタン
（クリスチャン ルブタン ジャパン）
☎03-6804-2855

TADASHI SHOJI
（タダシ ショージ）
☎03-5413-3278

YOSHIE INABA
☎03-6861-7678

オート モード 平田
（Boutique Salon CoCo）
☎03-3406-3681

Yumi Katsura
株式会社ユミカツラインターナショナル
☎03-3403-2577（ユミカツラ広報室）

## *Staff*

| | |
|---|---|
| 撮影 | 下村一喜、杉山和行（講談社） |
| スタイリング | 加藤万紀子 |
| ヘアメイク | 三浦由美（JOUER INTERNATIONAL） |
| デザイン | 矢部あずさ（bitterdesign） |
| 取材 | 金澤英恵、宮島麻衣、藤本容子 |
| マネージメント | テンカラット |
| 編集 | 藤本容子 |

MusicVideo “アンミカーニバル”

| | |
|---|---|
| 作曲 | Meteor Lab |
| 作詞 | アンミカ、mitsuyuki miyake |
| 振り付け | パパイヤ鈴木 |
| スタイリング | 加藤万紀子 |
| ヘアメイク | 三浦由美（JOUER INTERNATIONAL） |
| 動画撮影・制作 | 森 京子 |
| 企画 | 藤本容子 |

# アン ミカ

*AHN MIKA*

1972年生まれ。韓国出身大阪育ち。
1993年パリコレ初参加。モデル・タレント・時には歌手として、
テレビ・ラジオ・ドラマ・CM・舞台出演など、幅広く活躍。
「漢方養生指導士」「日本化粧品検定1級」「ジュエリーコーディネーター」など
多数の資格を活かし、化粧品、洋服、ジュエリー等をプロデュース。
ポジティブな生き方が共感を呼び
多くの世代から支持を得ている。
韓国観光名誉広報大使、初代大阪観光大使も務める。

Let's Do《レッツ ドゥ》 アンミカ!
アン ミカの ポジティブ相談室《そうだんしつ》
2023年7月2日 第1刷発行

著者 アン ミカ
発行者 鈴木章一
発行所 株式会社 講談社
〒112-8001 東京都文京区音羽2-12-21
TEL 03-5395-3814（編集）
03-5395-3606（販売）
03-5395-3615（業務）

印刷所 大日本印刷株式会社
製本所 株式会社国宝社
撮影 下村一喜
デザイン 矢部あずさ（bitter design）
編集 藤本容子


ISBN978-4-06-532545-2